2026
중등 교원 임용
시험 대비

권은성 ZOOM 전공체육

스포츠심리학

권은성 편저

박문각 임용
동영상강의 www.pmg.co.kr

박문각

차 례

PART 01 스포츠심리학

Chapter 01 심리적 요인과 스포츠수행

차 례

CONTENTS

PART 03 운동학습과 제어

Chapter 01 운동의 이해

Chapter 02 운동제어

Chapter 03 운동학습

권은성 ZOOM 전공체육

스포츠심리학

PART

01

스포츠심리학

심리적 요인과 스포츠수행

Section **01** **성격과 스포츠**

01 성격

1. 성격의 일반적 특징	(1) 독특성	① 다른 사람과 구분되는 개인 고유의 특별한 성질과 특성		
		② 성격연구 관점	개별 기술적	개인의 독특성 연구
			법칙 정립적	사람 간 보편적으로 존재하는 법칙 연구
	(2) 안정성(stability)과 일관성(consistency)			
	(3) 내용(content)			
2. 성격의 구조				

사회 환경
역할 행동
전형적 반응
심리적 핵
일관성 높아짐

◉ 홀랜드와 마턴스 성격의 3수준

2. 성격의 구조	(1) 심리적 핵	① 성격의 기본적 수준
		가족이나 친구의 중요성에 대한 가치, 태도, 흥미, 동기, 믿음
		② 외부상황 변화에 대한 안정적 유지
	(2) 전형적 반응	① 환경에 대한 적응으로 외부세계에 반응하는 양식 ② 환경과 상호작용으로 학습 ③ 심리적 핵의 반영 지표
	(3) 역할 행동	① 개인이 사회적 역할에 따라 취하는 행동 ② 성격에서 가장 표면적이고 변화 가능한 영역 ③ 상황에 따른 변화

02 성격의 측정

1. 특성	(1) 특성	잘 변화하지 않는 개인의 전형적 행동양식으로 안정적이고 일관성이 높은 선천적으로 타고난 성향
	(2) 특성불안	객관적으로 비위협적인 상황을 위협적으로 지각하여 객관적 위협의 강도와 관계없이 상태불안 반응을 나타내는 개인 행동 경향
2. 상태	(1) 상태	환경의 영향을 받는 행동
	(2) 상태불안	상황에 따라 변화하는 정서 상태로 자율신경계의 활성화나 각성과 관련되어 주관적·의식적으로 느끼는 우려나 긴장감

03 성격 이론 2025년 B 8번

1. 정신 역동 이론		
2. 현상학적 이론	(1) 로저스(Rogers)의 자기실현 경향 (2) 매슬로우(Maslow)의 욕구 체계 ◈ 매슬로우(Maslow)의 욕구 체계	

3. 특성 이론

(1) 체형 이론
① 내배엽형
② 중배엽형
③ 외배엽형

(2) 특성 이론
① 칼 융(Carl Jung)의 내향성-외향성
② 올포트(Allport)의 성격 특성
③ 카텔(Cattell)의 16PF 질문지
④ 아이젱크(Eysenck) 2차원 성격 모형(외향성, 정서적 불안정성)

♡ 코스타와 맥크레(P. Costa & R. McCrae)의 성격 5요인 이론(빅 파이브 이론)

요인	특징
정서적 불안정성 (신경증)	예민한 신경, 불안, 우울, 분노 ↔ 정서적 안정성
외향성	열정, 사교성, 단호함, 활동적 ↔ 내향적
개방성	독창성, 다양성 추구, 호기심, 예술적 민감성 ↔ 폐쇄성
호감성	상냥함, 이타성, 겸손 ↔ 자기중심주의, 자기도취증, 비관주의
성실성	절제, 성취지향성, 자제력

💡 성격 5요인과 운동행동의 관련성(Lox 등, 2003)

정서적 불안정성	외향성	개방성	호감성	성실성
↓운동 지속실천	↑중, 고강도 운동행동			↑운동 자기보고
↓운동 자기보고	↑운동 자기보고			↑운동 실천
↓운동 단계	↑운동 단계			↑운동 단계

4. 학습 이론	(1) 행동주의 (2) 사회학습 이론

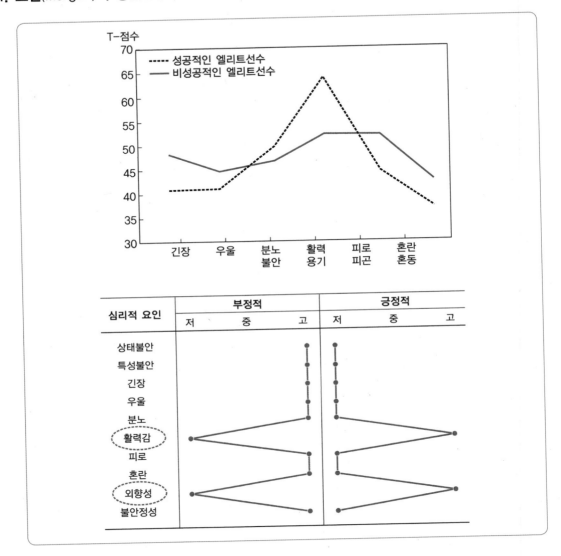

04 스포츠와 성격발달 1997년 5번 / 1999년 5번 / 2003년 9번 / 2015년 A 4번

1. 모건(Morgan)의 정신건강 모형(POMS) 빙산형 프로파일

우수 선수의 정신건강 프로파일(모델)

- 긍정적인 정신건강 프로파일은 우수 선수의 특성, 부정적인 정신건강 프로파일은 비우수 선수의 특성
- 대부분의 연구는 성공적인 엘리트선수의 긍정적인 정신건강 보유를 지지함

2. 운동과 성격

(1) 규칙적인 운동과 성격 형성	① A형 행동	• 강한 시간 강박감, 과도한 경쟁심, 분노(적대감)를 지닌 성격 • 분노와 적대감으로 관상동맥질환을 포함한 심폐질환의 발생 가능성이 높음 • 규칙적인 유산소성 운동은 건강증진을 통한 분노와 적대감 감소
	② B형 행동	
	③ 자아개념	• 운동과 자아개념의 정적 상관 • 규칙적인 운동은 신체적 자기개념을 높여 자아존중감을 증진함
(2) 우수 선수의 인지적 전략	크레인과 윌리엄스(Williams)의 12가지 특성	

크레인과 윌리엄스(Williams)의 12가지 특성

고도의 자신감, 완벽한 전념, 수행에 대한 고도의 집중, 스트레스와 방해 요인에 대한 우수한 대처 능력, 우수한 집중과 재집중 기술, 낙관적이며 긍정적 태도, 높은 개인목표, 시합 전 시합 플랜, 감정 조절 능력과 적절한 에너지 수준 유지 능력, 불안을 도움이 되는 것으로 보는 관점, 수행목표 사용, 심상 사용

웨인버그(Weinberg)와 굴드(Gould)의 7가지 특성

• 자신감을 높이기 위해 경기 중 역경에 대처하는 구체적 플랜을 숙달한다.
• 예기치 못한 상황과 방해 요인에 대처하는 루틴을 연습한다.
• 경기와 관련 없는 사건이나 생각을 차단하고 당면한 수행에 완벽하게 집중한다.
• 경기 전 심리적 리허설을 몇 차례 한다.
• 경기 전 상대에 대한 걱정을 하지 않고 자신이 통제 가능한 것에 집중한다.
• 구체적인 시합 계획을 갖고 있다.
• 각성과 불안을 조절하는 방법을 배운다.

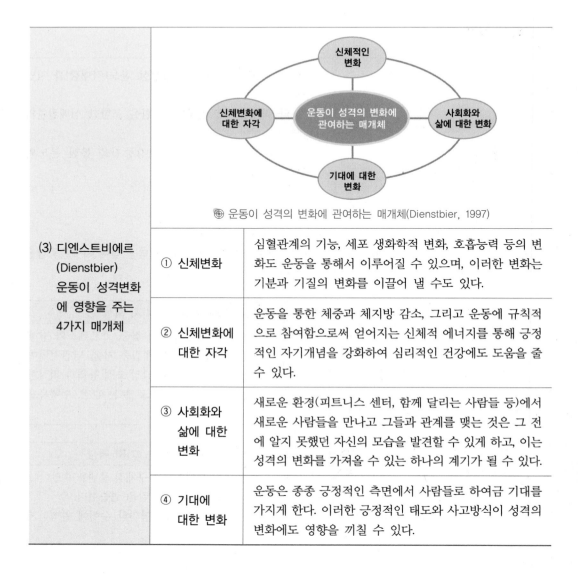

◉ 운동이 성격의 변화에 관여하는 매개체(Dienstbier, 1997)

(3) 디엔스트비에르 (Dienstbier) 운동이 성격변화에 영향을 주는 4가지 매개체	① 신체변화	심혈관계의 기능, 세포 생화학적 변화, 호흡능력 등의 변화도 운동을 통해서 이루어질 수 있으며, 이러한 변화는 기분과 기질의 변화를 이끌어 낼 수도 있다.
	② 신체변화에 대한 자각	운동을 통한 체중과 체지방 감소, 그리고 운동에 규칙적으로 참여함으로써 얻어지는 신체적 에너지를 통해 긍정적인 자기개념을 강화하여 심리적인 건강에도 도움을 줄 수 있다.
	③ 사회화와 삶에 대한 변화	새로운 환경(피트니스 센터, 함께 달리는 사람들 등)에서 새로운 사람들을 만나고 그들과 관계를 맺는 것은 그 전에 알지 못했던 자신의 모습을 발견할 수 있게 하고, 이는 성격의 변화를 가져올 수 있는 하나의 계기가 될 수 있다.
	④ 기대에 대한 변화	운동은 종종 긍정적인 측면에서 사람들로 하여금 기대를 가지게 한다. 이러한 긍정적인 태도와 사고방식이 성격의 변화에도 영향을 끼칠 수 있다.

3. 운동과 정서

(1) 운동과 정서 변화:
에케카키스와
페트루첼로
(P.Ekkekakis &
S. Petruzzello)
2차원 원형모형

① 각성과 유쾌 또는 불쾌를 동시에 측정하여 2차원 그래프로 표현함

> 2차원 원형모형의 가로축은 유쾌-불쾌를 의미하는 유인가 차원으로 왼
> 쪽으로 갈수록 불쾌함을, 오른쪽으로 갈수록 유쾌함을 나타낸다. 세로축
> 은 활성화 차원으로 심신의 에너지가 얼마나 활성화되었는가를 표시한다.
> 세로축에서 위로 오를수록 활성화가 높은 것으로 심신의 에너지가 많이
> 투입됨을 의미한다. 활성화와 유인가로 사분면이 만들어진다.

유쾌-고활성	에너지, 흥분
불쾌-저활성	지루함, 피로
유쾌-저활성	이완, 침착
불쾌-고활성	불안, 긴장

② 전환이론(reversal theory)을 이해하는 데도 적용됨

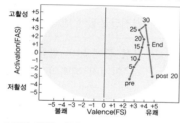 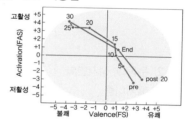

◈ 2차원 원형모형을 활용한 각성과 유쾌-불쾌의 측정(자료 : 안상환, 김병준(2011))

> 위 2차원 원형모형 그래프에서 좌측은 마라톤 중독자, 우측은 비중독 마
> 라토너의 운동 전, 중, 후의 활성화와 유쾌-불쾌를 반복 측정해 표시한
> 것이다. 좌측 마라톤 중독자의 경우 달리기가 시작되면서 활성이 수직으
> 로 상승하지만 오른쪽 방향인 유쾌함으로 이동됨을 알 수 있다. 달리기를
> 시작하면 힘이 들기는 하지만 기분이 계속해서 좋아지는 패턴이다. 반면
> 비중독 마라토너는 달리기가 시작되면 그래프가 왼쪽 위로 상승해서 힘이
> 들면서 동시에 불쾌함을 느낀다. 두 집단 모두 달리기 종료 후 20분이 되
> 면 달리기 전보다 유쾌함이 증가했다.

(2) 운동과 정서변화 메커니즘	① 열발생 가설	운동을 하면 체온이 상승하여 불안 감소의 심리적 효과가 있다.
	② 생리적 강인함 가설	스트레스에 자주 노출되면 대처능력이 좋아지고 정서적으로 안정되기 때문에 불안이 낮아진다. 생리적으로 강인한 사람은 위협에 직면했을 때 교감신경계 반응이 빠르고 강하며, 스트레스가 사라지면 정상 상태로 빠르게 회복된다. 운동으로 생리적 강인함을 갖추면 스트레스에 빠르게 반응하고 신속하게 회복된다.
	③ 엔돌핀 가설	운동 중과 후에 분비가 늘어난 베타 엔돌핀으로 인하여 정서가 개선된다는 가설이다. 엔돌핀은 뇌와 뇌하수체 등에서 분비되는데 통증을 낮추고 행복감을 유발하는 효과가 있다. 엔돌핀 때문에 러너스 하이(runner's high) 현상을 경험한다.
	④ 모노아민 가설	운동을 하면 세로토닌, 노르에피네프린, 도파민과 같은 신경전달물질에 변화가 생겨 정서(특히 우울증)가 개선된다.
	⑤ 뇌변화 가설	운동 중에 뇌의 혈류량이 큰 폭으로 향상되는 것도 심리적, 인지적 혜택의 원인으로 설명한다.
	⑥ 기분전환 가설	운동 중에는 운동에 집중하여 일상생활에서의 번잡함을 잊기 때문에 정서적 건강에 도움이 된다.
	⑦ 자신감 가설	체력과 운동능력이 좋아지면 신체적 자신감이 증진되고, 이로 인하여 성취감, 자기효능감, 통제감이 높아진다. 운동을 통해 얻어진 자신감은 삶의 다른 영역으로 일반화된다고 본다. 일회성 운동으로 자신감과 성공 경험이 누적되면 장기적으로 행복감도 높아진다.
	⑧ 기대 가설 (사회심리적 가설)	운동을 하면 기분이 좋아질 것이라는 기대 때문에 운동 후에 기분이 좋아진다. 운동의 실체적 효과라기보다는 위약효과(placebo effect)를 강조한다.
	⑨ 사회적 상호작용 가설	운동을 하면서 타인과의 상호작용이 많아지기 때문에 정서적 효과가 발생한다. 사회적 상호작용은 경력 운동자보다는 초보 운동자에게 중요한 역할을 한다.
	⑩ 인지행동 가설	운동이 불안, 스트레스, 우울증 같은 부정적인 정서를 없애는 데 도움을 주는 긍정적인 사고와 감정(자신감, 자기효능감)을 발생시킨다.

Section 02 스포츠동기의 이해

01 동기(motivation)

1. 동기의 의미	(1) 개인 성격 특성 (2) 행동의 이유와 외부의 영향성 설명 (3) 행동의 결과와 행동 지속성에 대한 설명

2. 세이지(Sage, 1977)의 동기 특성	(1) 노력의 방향	특정 상황에 대한 행동 추구의 여부
	(2) 노력의 강도	상황에 대한 노력 투입의 정도

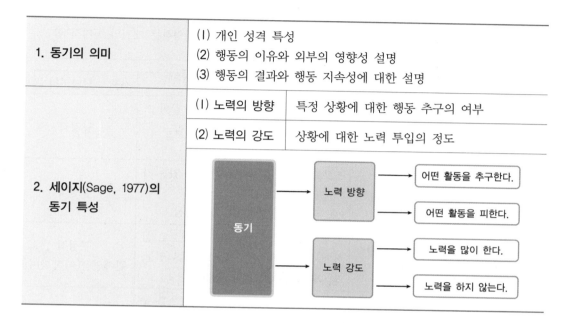

02 동기의 관점

1. 특성지향 관점	(1) 참가 중심 관점으로 개인 특성에 의한 동기 결정 (2) 성격, 태도, 목표 등으로 동기 행동 결정 (3) 성격적으로 동기 수준이 높은 사람과 동기 수준이 낮은(성취욕구가 낮은) 사람으로 분류 (4) 환경의 영향 간과
2. 상황지향 관점	(1) 상황 영향으로 동기 결정 (2) 특성이 동기에 미치는 영향 간과
3. 상호작용 관점	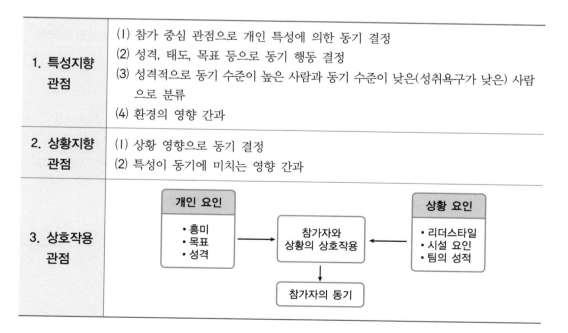

03 스포츠 전념, 스포츠 재미 및 몰입

1. 스캘런(Scanlan) 스포츠 전념(sport commitment)

(1) 전념의 정의	스포츠에 지속적으로 참가하려는 욕구와 결심을 반영하는 개인의 동기적 힘		
(2) 스포츠 전념 요인	요인	설명	스포츠 전념과의 관계
	스포츠 재미	재미, 즐거움, 좋아하는 것 등과 같이 스포츠 체험에 대한 긍정적인 느낌 (예 훈련 재미, 시합 재미)	긍정적
	가치 있는 기회	스포츠참여를 통해서만 얻을 수 있는 가치 있는 기회에 대한 인식 (예 운동 친구, 훈련으로 기술 향상)	긍정적
	다른 중요한 활동	스포츠참여를 어렵게 만드는 것으로 삶에서 책임져야 하는 중요한 다른 일들 (예 게임, 공부, 드라마 시청)	부정적 관계없음(어린 선수)
	개인적 투자	스포츠에 투자한 자원으로 스포츠를 중단하면 돌려받을 수 없는 것 (예 시간, 노력, 비용)	긍정적
	사회적 제약	스포츠를 지속해야 한다는 주변 사람의 기대로 인해 생겨나는 의무감 (예 팬과 스폰서의 기대)	긍정적(엘리트 등) 관계없음 부정적(유소년)
	사회적 지지	자신이 주변으로부터 받는 격려와 칭찬 (예 부모의 격려, 지도자의 응원)	긍정적
(3) 스포츠 재미의 원천	숙달 성취 → / 사회적 소속 → / 동작 감각 → 스포츠 재미 → 스포츠 전념 → 스포츠 행동 ◉ 스캘런(Scanlan) 스포츠 재미의 원천과 결과		

2. 칙센트미하이(Csikszentmihalyi) 스포츠 몰입 2016년 B 2번 / 2022년 A 10번 / 2025년 B 8번

(1) 몰입의 정의		기술(실력)이 도전(과제)과 균형을 이루는 상황에서 수행에 완전히 집중함
(2) 몰입 발생	① 최초 모델	도전(과제)이 인지된 기술과 동일할 때 몰입 발생
	② 수정 모델	• 도전과 기술이 일치하기만 하면 발생하는 것이 아니라 둘 다 높은 조건이 충족되어야 함 • 도전과 기술에 대한 인식 수준이 평균 이상일 때 몰입이 발생하고 모두 평균 이하이면 무관심을 느낌 • 도전이 높고 기술이 낮으면 불안을 느끼고, 도전이 낮고 기술이 높으면 이완을 체험함

(3) 몰입 차원	차원	정의
	도전과 기술의 균형	도전해야 할 상황과 자신의 기술이 모두 높은 상태이며 균형을 이룸
	행동과 인식 일치	몰두하고 있어 동작이 저절로 혹은 자동적으로 일어남
	명확한 목표	명확한 목표가 있어 무엇을 해야 하는지 분명하게 알고 있음
	구체적 피드백	대체로 동작 자체로부터 즉시적이며 명확한 피드백을 받음
	과제집중	수행과제에 전적으로 집중함
	통제감	의도적으로 통제하지 않아도 통제감을 발휘하는 경험을 함
	자의식 상실	수행자와 동작이 하나가 되면서 수행자 자신에 대한 걱정이 사라짐
	변형된 시간 감각	시간이 느리게 또는 빠르게 느껴지는 감각의 변화
	자기목적적 경험	동작 그 자체가 내적으로 보상을 주는 체험

(4) 몰입 경험의 단계	**몰입 이전 단계** • 명확한 목표 • 즉각적인 피드백 • 개인의 능력과 도전과의 조화	**몰입 진입 단계** • 현재 과제에 대한 집중 • 활동과 인식의 통합	**몰입 경험 단계** • 통제감 • 자아의식의 상실 • 시간감각의 왜곡	**몰입 결과 단계** • 자기목적적 경험

04 자결성 이론과 내적 동기 2011년 26번 / 2012년 2차 2번 / 2016년 A 12번 / 2021년 A 12번 / 2023년 B 8번

1. 데시와 라이언(Deci & Ryan) 자기결정 이론(self-determination theory, SDT)

(1) 기본 가정	① 인간은 유능성, 자율성, 관계성의 기본적 욕구를 지님 ② 3가지 욕구가 충족되면 최적의 웰빙을, 충족되지 않을 경우 번아웃과 같은 일빙(ill-being)을 체험함 • 스포츠 상황에서 욕구가 충족되면 자기결정 동기가 향상되고, 그 결과로 긍정적인 대처나 몰입(flow)체험 등과 같은 바람직한 심리적 결과를 획득함 • 욕구가 좌절된 사람들은 무동기·통제적 동기가 높아지며, 결국 스포츠 중도 포기를 포함한 비적응적 결과를 보임 ③ 운동참가에서 6개월 이상 꾸준하게 운동하는 사람은 운동에 대한 내적 동기가 높으며, 외적 동기와 무동기는 낮음 ④ 자기결정 동기가 높은 사람은 운동에 대한 미래 의도가 높고, 운동 방해 요인을 극복할 수 있다는 자기효능감이 높으며, 신체적 자기 가치도 높음
(2) 자결성 연속체	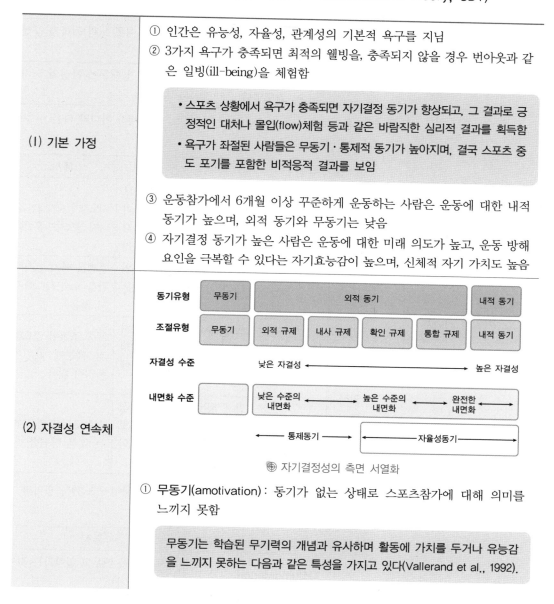 ● 자기결정성의 측면 서열화 ① 무동기(amotivation) : 동기가 없는 상태로 스포츠참가에 대해 의미를 느끼지 못함 무동기는 학습된 무기력의 개념과 유사하며 활동에 가치를 두거나 유능감을 느끼지 못하는 다음과 같은 특성을 가지고 있다(Vallerand et al., 1992).

능력 부족	특정 수행을 할 능력이 부족할 경우
전략 미흡	어떤 전략이 바람직한 결과를 달성하는 데 도움이 안 된다고 믿는 경우
노력 회피	특정 행동이 너무 힘들기 때문에 어떤 노력도 하지 않겠다는 생각이 드는 경우
무기력 신념	성취해야 할 과제가 너무도 벅차기 때문에 자신의 노력이 쓸모없다고 생각하는 경우

② 외적 동기(extrinsic motivation): 스포츠 그 자체가 아니라 다른 이유로 스포츠를 할 때 지님

외적 동기 유형		특징	예시
통제적 외적 동기	외적 규제	자율성이 가장 낮은 형태이며 보상을 얻기 위한 목적, 처벌을 피하려는 목적, 외적 요구를 충족시키기 위한 목적으로 행동하는 것	지도자가 시키니까 혼나지 않으려고 훈련함
	내사 규제	죄책감이나 창피함을 피하기 위한 목적, 자기 가치를 높이려는 목적으로 행동하는 것	훈련을 빠지면 죄책감을 느끼므로 빠지지 않음
자율적 외적 동기	확인 규제	개인적으로 중요하다고 생각하는 혜택을 확인 또는 인식, 즉 행동에 따른 가치를 잘 알기 때문에 하는 행동	체중 조절이 중요하기 때문에 훈련에 빠지지 않음
	통합 규제	스포츠참가 행동이 자기 정체성과 일치하여 갈등이 없는 상태로 자신의 가치와 생각이 스포츠와 일치할 때 발생	선수로서 훈련을 하는 것은 당연함

③ 내적 동기(intrinsic motivation): 스포츠 그 자체에서 느끼는 흥미와 재미 때문에 스포츠를 하는 것

내적 동기 유형(Pelletier 등, 1995)	특징
지식(knowledge)	새로운 것을 배우고 알아가는 것이 좋아서 참가
성취(accomplishment)	어려운 기술을 숙달하고, 높은 단계에 도달하는 것이 좋아서 참가
자극(stimulation) 체험	활동의 재미, 짜릿함, 미적 즐거움 때문에 참가

(2) 자결성 연속체

(3) 욕구 충족 지도 환경 조성 (Edmunds 등, 2006)	① 학생 선택권 제시, 감정 존중, 통제적 행동 피하기 등 자율성 지지 행동으로 자율성 지지 분위기(autonomy-supportive climate) 조성 ② 의미 있는 성공 축하, 운동 루틴에 대한 선택권 부여, 다른 학생과 교류를 통해 운동 동기 증진 ③ 부상 후 복귀 일정에 대한 선택권 부여, 신체 능력에 대한 자신감 회복, 부상 선수를 팀과 연결시키기 등의 배려

2. 인지평가 이론(Deci & Ryan, 1985)과 내적 동기

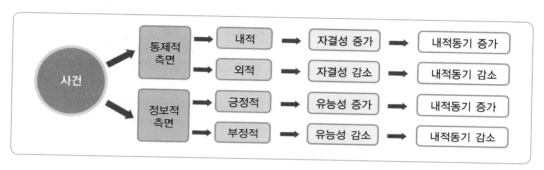

(1) 내적 동기 수준의 결정	① 외적 사건에 대한 개인의 해석 방향에 따른 내적 동기 수준 결정 ② 외적 사건 그 자체가 아니라 그 사건을 해석해서 받아들이는 관점이 내적 동기를 결정함
(2) 외적 사건에 대한 해석	① 통제적 측면 메달을 따기 위해 마라톤 대회에 출전하고, 다른 사람의 기분을 좋게 하기 위해 체중을 줄이고, 죄책감을 덜기 위해 구입한 운동기구를 사용한다고 가정하자. 이때 메달, 타인, 죄책감은 행동을 '통제'하는 역할을 한다. 이런 경우 통제적 측면이 높아서 자율성은 저하된다. ② 정보적 측면 자신의 기술, 능력, 행동에 대해 긍정적 정보를 주는 것으로 해석되는 사건이라면 유능감은 향상된다. 태권도 승급 심사를 통과해서 띠의 색깔이 달라진 것을 긍정적 정보로 해석하면, 유능감을 높여 내적 동기가 높아진다. 반면 상을 받으려고 노력을 많이 했음에도 다른 사람이 상을 받게 되면, 부정적 정보를 얻게 되어 유능감은 낮아진다.

(3) 장학금과 경쟁	**① 장학금** 장학금이라는 외적 보상은 선수가 이를 어떻게 해석하는가에 따라 내적 동기에 도움이 될 수도 있고 그렇지 않을 수도 있다. 장학금이 지도자 기대에 부응하고자 경기력을 내야 한다는 압박감으로 작용하면 행동을 통제하는 통제적 측면이 강하게 작용되어 내적 동기가 저하한다. 반면 장학금을 받은 선수가 유능감에 대해 긍정적 정보로 해석하면 내적 동기는 상승한다. **② 경쟁** 승리와 패배라는 객관적 결과와 함께 주관적 결과도 내적 동기에 영향을 미친다. 주관적 성공에 대한 인식이 높은 선수는 내적 동기가 더 높다 (McAuley & Tammen, 1989). 내적 동기 측면에서 승리와 패배라는 객관적 결과보다는 얼마나 경기를 잘 했는가를 나타내는 주관적 결과가 더 중요하다. 경기에서는 졌더라도 경기 내용이 좋다고 인식한다면 내적 동기를 북돋을 수 있다. 또한, 다른 사람과 경쟁(대인 경쟁 상황)하는 것보다 자신과 경쟁(숙달 상황)을 하면 내적 동기가 높아진다. 따라서 남과의 경쟁보다는 자신과의 경쟁이라고 인식하는 것이 내적 동기를 높이는 데 도움이 된다. **③ 지도자의 피드백** 지도자가 긍정적·민주적이며 기술 지도를 위한 피드백을 자주 제공하고 지지적인 행동을 많이 한다고 느끼는 선수일수록 내적 동기는 더 높았다. 지도자가 독재적인 스타일이라고 인식하는 선수는 내적 동기가 낮았다. 따라서 민주적인 코칭행동은 독재적인 코칭행동에 비해 선수의 내적 동기를 더 높이는 효과가 있다. 내적 동기 측면에서 장학금 수혜 여부보다는 어떤 지도자에게 배우는가가 더 중요한 것이다. 또한 지도자가 숙달을 중시하는 동기 분위기를 조성하면 내적 동기를 높일 수 있다. 즉, 개인 간 경쟁과 승리를 중시하는 것보다는 개인의 노력과 향상도를 중시하는 지도 스타일이 동기 분위기와 내적 동기 증진에 효과적이다.

3. 내적 동기 향상 전략(Weinberg & Gould, 2015)

(1) 성공 경험 제공

(2) 구체적인 수행에 대해 보상

(3) 언어적 · 비언어적 칭찬

(4) 훈련 내용과 순서의 다양화

(5) 의사결정에 학생 참여

(6) 실현 가능한 수행목표 설정

05 귀인 이론 1999년 추가 4번 / 2007년 추가 12번 / 2010년 20번 / 2013년 23번 / 2017년 A 3번

1. 와이너(Weiner)의 귀인 이론 기본개념과 가정

(1) 가정	귀인 이론은 성공과 실패의 원인에 대한 지각과 후속 행동의 관련성을 설명하는 이론이다. 귀인을 어떻게 설정하는가에 따라 미래의 성공과 실패를 예측할 수 있다.
(2) 귀인의 차원	◉ 귀인 기본 범주

안정성(stability)	안정적	현재 상황 유지
	불안정적	현재 상황 변화
인과성(causality)	정서 반응과 관련하여 긍지와 자부심 혹은 창피함 발현	
통제성(control)		

(3) 귀인의 영향	귀인의 차원	영향(Gill, Williams & Reifsteck, 2017)
	안정성	미래 기대와 관련 있다. 안정적 원인에 귀인하면 유사한 결과가 기대되고, 불안정적 원인에 귀인하면 다른 결과가 기대된다.
	인과성	자부심, 수치심과 관련 있다. 승리의 원인을 내적인 것으로 귀인하면 자부심, 패배의 원인을 내적·통제 가능한 것으로 귀인하면 수치심을 느낀다.

(3) 귀인의 영향	인과성	자기 고양적 편향(self-serving bias)
		스포츠에서 귀인의 패턴을 보면 승리는 내부적 원인으로 돌리고 패배는 외부적 원인으로 돌리는 경향, 즉 자기위주 편향 또는 자기 고양적 편향(self-serving bias)이 나타난다. 운동 경기에서 우승한 원인을 자신의 노력 때문이라고 생각하면 상대의 부상 때문이라고 여기는 것보다 기분이 좋아진다. 반면 패하면 그 원인을 자신의 내부에서 찾기보다는 외부에서 찾는 경향이 존재한다. 이처럼 승리의 원인을 내적 요인으로 돌리면 자부심이 극대화되고, 패배의 원인을 외적이며 통제 불가능한 요인으로 돌리면 수치심을 줄일 수 있는 자기 고양적 편향이 작동된다.
	통제가능성	타인에 대한 부정적 감정과 관련 있다. 피할 수 있는 실수로 패하면 그 사람에 대해 화를 내지만 실수가 통제 밖이라고 생각하면 공감을 느낀다.

2. 귀인의 주요 개념

주요 개념	귀인의 차원
능력	내적·안정적, 통제 불가능
노력	내적·불안정적, 통제 가능
과제난이도	외적·안정적, 통제 불가능
운	외적·불안정적, 통제 불가능

		인과성의 소재			
		내적		외적	
		안정적	불안정적	안정적	불안정적
통제 가능성	통제 가능	지속적 노력	일시적 노력	타인의 지속적 노력	타인의 일시적 노력
	통제 불가능	능력	기분(무드)	과제난이도	운

◉ 와이너의 2×2×2 귀인 분류

3. 학습된 무기력(learned helplessness)과 귀인훈련(attribution retraining)

(1) 학습된 무기력	① 학습된 무기력의 귀인 유형
	드웩(Dweck)과 동료 연구진(2006·2012)은 실패는 노력을 해도 통제할 수 없다고 믿는 학습된 무기력을 지닌 사람은, 부정적 결과를 안정적이며 통제 불가능한 요인인 능력 부족, 지능 부족에 기인한다고 보았다. 이들은 미래에 성공할 수 있다는 희망을 갖지 못하고, 실패를 과장하는 경향이 있어 수행이 저하된다. 신체활동 상황에서 학습된 무기력을 가진 사람은 쉽게 포기하고, 부정적인 자기 진술을 하며, 능력 부족으로 귀인을 한다.
	② 숙련지향성향의 귀인 유형
	숙련지향적인 사람은 실패의 원인을 불안정적이고 통제 가능한 요인에 귀인하며 실패는 일시적인 현상이라고 생각하고, 실패에서 벗어나기 위해 다시 노력을 하며 미래에 성공할 수 있다는 자신감을 갖고 있다.
(2) 귀인 재훈련	실패에 대해 학습된 무기력을 보인다면 실패의 원인을 내적이며, 통제 가능하고, 불안정한 요인에서 찾는 훈련이 필요하다. 이를 통해 미래의 성공 기대감을 높이고, 긍정적인 정서를 체험하며, 수행도 향상시킬 수 있다.

06 **성취동기 이론** 2010년 20번 / 2012년 2차 2번 / 2018년 A 12번 / 2019년 A 12번 / 2020년 A 4번 / 2022년 B 9번

1. 애킨슨(Atkinson)의 성취동기 이론

(1) 이론의 가정	성취동기는 그 사람의 성격적 특성과 상황적 조건의 상호작용으로 결정된다.		

(성취욕구 − 실패 회피욕구) × (유인가치 × 성공확률) + 외적 동기

구분	성취동기가 높은 사람		성취동기가 낮은 사람	
달성 목표	과제성향 목표 수립		자기성향 목표 수립	
내적 동기	증가		감소	
동기 성향	성공과 긍지에 관심		실패의 창피함을 걱정	
귀인 유형	성공	내적·안정적 요인	성공	불안정적·외적 요인
	실패	외적·불안정적 요인	실패	안정적·내적 요인
과제 선택	도전적인 상대나 과제 선택		매우 쉽거나 어려운 과제 선택	
수행	평가(실제) 상황에서 수행 우수		평가(실제) 상황에서 수행 저조	

(2) 성격 구조

① 성취동기는 성공접근 동기와 실패회피 동기라는 2개 성격 구조의 조합으로 결정됨
② 성공접근 동기는 성취를 통해 자부심을 느끼는 것이며 실패회피 동기는 실패로 인해 수치심을 느끼는 것과 관련됨
③ 어떤 상황에서는 성공을 위해 노력을 하지만 실패할 것 같아 회피하기도 함

> 고성취자는 성공접근 동기가 높고 실패회피 동기는 낮다. 저성취자는 성공접근 동기가 낮고 실패에 대한 걱정을 많이 하며 성취 상황을 회피한다. 중요한 일을 앞두고 실패를 염려하지 않고 성취 상황을 도전적으로 찾아다니면 성공접근 동기가 강한 사람이다. 반면 실패하면 안 된다는 생각에 사로잡혀 상황을 회피하려 한다면 실패회피 동기가 높은 사람이다.

(3) 상황적 요인

① 과제난이도와 성공 유인가는 성취동기와 관련됨
② 성공할 가능성이 낮으면 과제난이도가 높아져서, 이럴 경우에 성공 유인가는 증가함

> 올림픽 메달리스트급의 선수를 전국대회에서 만나면 이길 가능성은 낮지만 이겼을 때의 짜릿함은 매우 커지므로 성공 유인가는 높아진다. 고성취자는 과제를 성공시켰을 때 보상이 가장 높아 성공확률이 50%인 과제를 선택하여 노력한다. 반면, 실패회피 동기가 높은 저성취자는 성공확률이 50%인 과제를 회피하는 경향을 보인다. 이들은 성공확률이 높은 아주 쉬운 과제나 성공확률이 낮은 아주 어려운 과제를 선택한다.

2. 성취목표 이론

<table>
<tr><td rowspan="7">(1) 이론의
가정</td><td colspan="2">① 성공과 실패를 정의하는 방식</td></tr>
<tr><td colspan="2">스포츠와 같은 성취 상황에서 인간의 목표는 유능함을 보여주고 무능함을 감추는 데 있다. 성공과 실패는 그 사람이 능력을 정의하는 방식에 따라 달라진다. 성취목표 이론은 유능감에 대한 정의 방식을 핵심으로 성취동기를 이해하고자 한다.</td></tr>
<tr><td colspan="2">② 드웩과 니콜즈(Dweck & Nicholls)의 2가지 유형에 의한 능력</td></tr>
<tr><td>과제(task)목표성향
과제성향
숙달(mastery)목표성향</td><td>• 비교의 기준이나 준거가 자기 자신
• 능력(유능성)은 노력으로 향상된다는 관점을 취함</td></tr>
<tr><td>자아(ego)목표성향
자아성향
수행(performance)목표성향</td><td>• 비교의 기준이나 준거가 타인
• 능력은 타고난 것이며 노력을 통해 향상시키기가 어렵다는 관점을 취함
• 유능감이나 성공감을 느끼기 위해서는 남과 비교해서 더 잘해야 하며, 동일하게 잘 했을 경우 남보다 노력을 덜 해야 성공이라고 정의함</td></tr>
<tr><td colspan="2">③ 성취목표 접근의 세 가지 주요 요인(Weinberg & Gould, 2023)</td></tr>
<tr><td colspan="2">성취목표, 지각능력, 성취행동은 상호작용하여 동기가 결정된다.
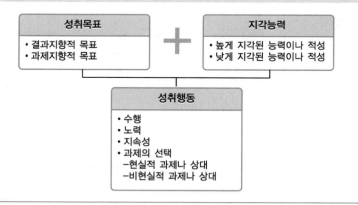</td></tr>
</table>

구분	과제성향	자아성향
노력 투입	자유 시간에도 연습	눈치 보며 연습
과제 선택	어려운 과제 도전	어려운 과제 회피
잘하는 이유	노력, 협동	능력, 속임수
참가 이유	숙달, 체력, 자존감	사회적 지위, 자존심
동기	내적 동기 높음	내적 동기 낮음
흥미/재미	스포츠 더 좋아함	스포츠 덜 좋아함
도덕성	페어플레이 정신	규칙 위반 정당화
몰입체험	몰입체험 증가	몰입체험 감소
자신감	실패의 영향 작음	실패의 영향 큼
성공 이유	노력, 협동	기술, 재능, 상대 압도
정서 반응	긴장 및 불안 낮음	긴장 및 불안 높음

(2) 과제성향과 자아성향 비교

① 엘리엇(Elliot, 1999; Elliot & McGregor, 2001)의 2차원 성취목표

> 성공에 접근하려는 노력과 실패를 회피하려는 노력을 모두 고려하여 다양한 상황에서 성취 관련 행동을 설명하고자 한다. 숙달접근 목표가 높으면 자기개념·정서·수행 측면에서 유리한 결과를 보이며, 수행회피 목표가 강하거나 실패에 대한 두려움이 크면 동기 불안 수행 측면에서 부정적인 과정과 결과가 나타난다.

(3) 성공접근 동기와 실패회피 동기

접근 동기	유능감을 보여주기 위해 노력하는 것	
	숙달접근(과제목표성향)	자신의 과거 수행과 비교해서 유능감을 보여주는 행동
	수행접근(자기목표성향)	타인과 비교를 통해 유능감을 보여주는 행동
회피 동기	무능감을 회피하기 위해 노력하는 것	
	숙달회피(과제목표성향)	자신의 과거 수행과 비교해서 무능감을 회피하는 행동
	수행회피(자기목표성향)	타인과 비교를 통해 느끼는 무능감을 회피하는 행동

		유능감의 정의	
		숙달(자신과 비교)	수행(타인과 비교)
유능감의 유인가	유능감 접근	숙달접근 목표	수행접근 목표
	무능감 회피	숙달회피 목표	수행회피 목표

◈ 성취목표 2원 분류법(Elliot & McGregor, 2001)

목표 유형	상황 사례
숙달접근 목표	• 단거리 선수가 자신의 이전 기록을 깨기 위해 훈련을 열심히 함 • 지도자가 선수에게 '이전 기록을 깨는 것을 목표로 해 봐'라고 말함
수행접근 목표	• 대회에서 상대를 이겨서 메달을 더 따기 위해 훈련을 함
숙달회피 목표	• 이번 대회에서 자신의 실력을 제대로 발휘하지 못할 것 같아 대회 출전을 포기함
수행회피 목표	• 시합 중에 메달 획득이 어려워지자 통증을 핑계로 시합을 포기함 • 시합에서 꼴찌가 되는 것이 두려워 의도적으로 실격을 당함

② 목표에 따른 성취 과정 및 결과의 차이
  ㉠ 숙달접근 목표 및 수행접근 목표: 지각된 유능감과 정적 상관
  ㉡ 숙달회피 목표 및 수행회피 목표: 실패에 대한 두려움 및 동기 부족과 정적 상관

목표 유형	성취과정 및 결과
숙달접근 목표	• 높은 내적 동기, 실패에 대한 두려움 감소 • 내적 동기, 긍정적 자기개념, 불안 감소, 수행 향상과 연관
수행회피 목표	• 높은 외적 동기 • 불안 증가, 지각된 유능감 낮음, 낮은 자기결정 동기와 연관

(3) 성공접근 동기와 실패회피 동기

3. 경쟁의 과정과 관계

(1) 경쟁 과정 관점 (Martens, 1975)	① 경쟁은 4단계 과정을 거쳐서 발생됨 ② 단계의 특징	

단계	특징
객관적 경쟁 상황	개인의 과거 기록, 뛰어넘어야 할 상대의 기록 등 비교를 위한 기준이 존재
주관적 경쟁 상황	객관적 경쟁 상황에 대한 평가로 주관적 경쟁 상황이 결정됨 객관적 경쟁 상황은 개인의 평가에 따라 도전할 만한 상황이 될 수도 있고 회피하고 싶은 상황이 될 수도 있다.
반응	경쟁 상황에 대한 주관적 평가가 이루어지면 접근 또는 회피의 반응이 나타남 경쟁을 하겠다고 도전하면 접근이고, 경쟁에 나가는 것을 포기하면 회피가 된다.
결과	기준과 비교한 결과인 성공 또는 실패가 결정됨

(2) 경쟁 관점

단계	사례
자율적 능력	• 주로 어린 아이가 사용하는 단계로 타인과 비교하지 않고 오로지 자신이 비교의 기준이 됨 • 목표를 세울 때, 달성을 위해 노력할 때, 달성 여부를 평가할 때 타인과 경쟁하지 않고 자신이 비교의 기준이 됨 • 자율적 능력 단계에 머물러 있으면 자신의 기술 향상을 위해 노력은 하지만 시합 출전은 회피함 • 자율적 능력을 경험한 아동은 사회적 비교 단계로 상향됨
사회적 비교	• 초등학교 저학년 시기에 주로 사회적 비교인 타인과의 비교로 자신의 성공을 평가함 • 사회적 비교 단계에 있다면 매우 경쟁적이고 이기는 데 중점을 둠 • 사회적 비교 단계 이후, 통합적 성취동기 단계로 상향됨
통합적 성취	• 자율적 능력과 사회적 비교를 상황에 맞게 사용함 • 통합적 성취동기 단계에 있으면 자신의 숙달을 위해 노력하고, 동시에 시합에서 이기는 데 관심을 둠. '나와의 싸움이다.'라는 생각으로 경기를 하다가도 시합 후반에 '우승을 노려볼 만하다.'라고 경쟁심을 발휘한다면 통합적 성취동기 단계에 해당됨

4. 동기 분위기

<table>
<tr><td rowspan="2">(1) 지도자의
보상구조와
학생이
인식하는
동기 분위기</td><td colspan="2">① 자아 관여적(ego-involving) 수행 분위기(performance climate)</td></tr>
<tr><td>
<table>
<tr><td>특징</td><td>• 사회적 비교를 중시하고, 능력이 성공이라는 믿음과 연관성이 높음
• 바람직하지 못한 신념이나 행동 패턴과 연관되어 있어 주의가 요구됨
• 불안이 높아지고, 중도 포기를 많이 하는 것으로 알려져 있음</td></tr>
<tr><td>교사</td><td>• 경쟁을 통해 이기는 학생이나 선수를 인정하고 보상함</td></tr>
<tr><td>학생</td><td>• 타인과 비교해서 좋은 평가를 받거나 남보다 더 잘하는 것이 중요하다고 믿음
• 수행 분위기라고 지각하는 학생은 남과 비교해서 유능감을 판단하고 남보다 우월함을 보이는 것을 목표로 함</td></tr>
</table>
</td></tr>
</table>

② 과제 관여적(task-involving) 숙달 분위기(mastery climate)

특징	• 즐거움, 만족, 내적 동기, 수행 향상, 지속 참여, 긍정적 대처, 노력이 성공이라는 믿음과 긍정적인 관계가 나타남 • 스포츠퍼슨십, 규칙 준수, 상대 존중과 같은 사회적으로 바람직한 행동을 높임
교사	• 학생들이 개인적으로 도전적인 목표를 세우도록 도와주고 노력과 향상을 중시함 • 타인과 비교가 아니라 자신의 페이스에 따라 노력을 하도록 지도하고 그에 따른 격려와 칭찬을 제공함
학생	• 자기 기준에서 성공과 유능감을 판단하게 됨 • 숙달 분위기라고 지각하는 학생은 자기 자신을 기준으로 유능감을 판단하고 숙달목표를 중시함

(2) 로버츠 (Roberts, 2012)의 TARGET 원칙

TARGET 원칙: 숙달 분위기를 조성하는 데 효과적인 수업 전략

요인	수업 지도 전략
과제(Task)	기술 숙달을 목표로 개인적으로 도전적이며, 다양한 과제를 제시한다.
권위(Authority)	학생에게 리더십 발휘와 의사결정의 기회를 제공한다.
인정(Recognition)	학생 개인의 향상도를 인정해 준다.
집단편성(Grouping)	여러 방식으로 집단을 편성하고 협동적 학습을 강조한다.
평가(Evaluation)	개인의 노력, 향상도, 지속성을 기준으로 평가한다.
시간(Time)	학습에 필요한 시간을 충분하게 제공한다.

Section 03 자기효능감과 스포츠자신감

01 반두라(Bandura, 1986 · 1997)의 자기효능감(self-efficacy) 이론

2003년 9번 / 2007년 12번 / 2012년 14번 / 2017년 A 13번 / 2020년 A 12번

자기효능감은 자신의 능력으로 특정 과제를 성공적으로 해결할 수 있다는 신념이나 기대감을 의미한다. 자기효능감과 결과기대는 그 조합에 따라 행동, 정서, 감정에 영향을 주며, 실제 수행을 강력하게 예측하게 한다. 자기효능감이 높은 사람은 도전·노력·끈기를 보이는 반면, 자기효능감이 낮은 사람은 과제를 회피하거나 포기하고 걱정과 우울이 높다. 따라서 지도자, 부모, 선수들이 사용하는 각종 훈련·전략은 선수의 자기효능감을 높이는 데 도움이 되어야 한다.

	원천(정보)	설명	스포츠 예시
1. 자기효능감 원천	수행 성취	• 숙달 경험(mastery experience)이라고도 함 • 자기효능감에 가장 강력한 영향을 제공함 • 연습, 시합에서 성공이나 실패에 대한 경험의 영향	• 배구 서브의 연속적 성공은 자기효능감을 높임
	간접 체험	• 타인(모델)의 성공, 실패를 보고 판단함 • 유사한 모델 관찰이 효과적임 • 심상을 간접체험의 일환으로 간주함	• 성공 장면을 편집한 영상 관찰(셀프 모델링)
	언어적 설득	• 타인으로부터 받는 격려와 기대 • 동작지시형(instructional), 동기유발형(motivational)의 자기암시(self-talk)는 자기효능감과 수행을 향상시킴	• 지도자나 동료의 격려 또는 자신에게 하는 긍정적 자화
	정서적, 생리적 상태	• 생리적 상태, 특히 각성(긴장)에 대한 해석이 효능감 기대에 영향을 제공함 • 긍정적 정서(결단·흥분·열망)가 높을수록 자기효능감이 높음	• 심장이 빨라지고 다리가 떨리는 것을 부정적으로 해석하면 자기효능감이 낮아짐

	속성	사례
2. 자기효능감 측정	수준 (level)	• 수행을 해야 하는 과제나 과제의 수를 의미하며 기술 구성요소에서 낮은 수준부터 높은 수준까지 과제를 고려한다. • 배드민턴에서 자기가 통제할 수 있는 서브가 가장 낮은 수준의 기술이라면 네트 앞 푸싱처리를 과감하고 정확하게 공격하는 것은 가장 높은 수준의 기술이다.
	강도 (strength)	• 각 수준을 성공적으로 수행할 수 있다는 확실성을 의미하며 대체로 100%를 기준으로 측정한다. • 배드민턴에서 서브의 성공 확실성은 90%이고, 네트 앞 푸싱처리의 성공 확실성은 50%이라고 할 수 있다.
	일반성 (generality)	• 효능감을 갖는 영역(domain)을 의미한다. • 체조의 경우 마루운동의 효능감은 평균대나 이단평행봉에 대한 효능감으로 일반화가 가능하다.

3. 자기효능감 (효능기대)과 결과기대의 조합에 따른 영향 (Bandura, 1982)		결과기대 낮음	결과기대 높음
	자기효능감 높음	• 사회운동 • 항의, 불만 • 환경변화	• 자신 있는 적절한 행동 • 높은 인지적 참여
	자기효능감 낮음	• 무관심 • 물러남 • 중도 포기	• 자기 비하 • 우울

02 빌리(Vealey)의 스포츠자신감 2011년 2차 3번 / 2020년 A 12번

빌리(Vealey)는 종목 전체에 적용할 수 있도록 비교적 일반성이 높은 자신감 개념을 적용하여 스포츠자신감(sport confidence) 모형을 제안했다(1986·2001). 스포츠자신감이란 스포츠 상황에서 성공할 수 있다는 확신의 정도나 신념이다. 스포츠자신감 모형은 몇 차례 개선이 되었지만 기본적으로 스포츠자신감의 원천 3가지 영역, 스포츠자신감, ABC삼각형으로 구성된다. 스포츠자신감을 향상시키는 3가지 원천 영역은 선수의 자신감 수준을 결정하며, 자신감 수준은 A(불안, 몰입 등), B(노력, 인내 등), C(의사결정, 귀인 등)와 수행에 영향을 준다.

	스포츠자신감의 원천	개념
1. 스포츠자신감 원천과 세부 원천 (향상 전략)	성취 (achievement)	• 숙달, 능력 입증 연습으로 기술을 향상시키고 시합에서 성과를 내야 한다.
	자기조절 (self-regulation)	• 신체적 정신적 준비, 신체적 자기 제시 필요한 과제에 집중하고 자부심을 가져야 한다.
	사회적 분위기 (social climate)	• 사회적 지지, 간접체험, 지도자 리더십, 환경 쾌적성, 상황적 유리함 주변 사람들로부터 믿음과 인정을 받고 좋은 지도자와 다른 선수로부터 배우며, 여러 훈련 환경과 조건도 자신에게 맞아야 한다.

원천 영역	9가지 세부 원천	예시
성취	숙달	새로운 기술을 숙달한다.
	능력 입증	시합에서 좋은 성과를 낸다.
자기조절	신체적·정신적 준비	시합에 필요한 기술, 작전, 멘탈을 갖추는 데 집중한다.
	신체적 자기제시	자신에 대해 자부심을 갖는다.
사회적 분위기	사회적 지지	주변 사람들이 나를 믿어준다.
	간접체험	잘하는 선수를 보고 배운다.
	지도자 리더십	지도자의 지도방식을 좋아한다.
	환경 쾌적성	훈련장, 시합장의 환경이 좋다.
	상황적 유리함	내가 필요할 때 쉴 수 있다.

1. 스포츠자신감 원천과 세부 원천 (향상 전략)

2. 스포츠자신감 결정 요인

(1) 결정 요인

빌리(Vealey)는 스포츠자신감을 특성스포츠자신감과 상태스포츠자신감으로 구분했다. 또한, 경쟁성향이 상태스포츠자신감에 영향을 준다고 보았다. 특정 상황에서 스포츠자신감(상태스포츠자신감)은 객관적 스포츠 상황, 특성스포츠자신감, 경쟁성향에 의해 결정된다. 이때 상태스포츠자신감은 특정 상황에서 과제를 성공적으로 수행할 수 있다는 신념이므로 자기효능감과 같은 의미로 활용된다. 즉, 스포츠 상황에서 필요한 자신감(상태스포츠자신감)은 자신이 갖고 있는 믿음을 반영한 특성스포츠자신감과 그 스포츠 상황에 얼마나 경쟁적으로 임하는가를 나타내는 경쟁성향의 영향을 받아 결정된다. 상태스포츠자신감은 안정성이 낮아 시합의 결과에 따라 변동될 수 있다.

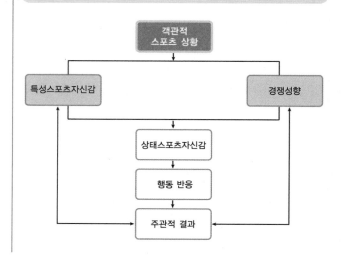

결정 요인	개념
객관적 스포츠 상황	• 수행할 기술의 유형 또는 수행하는 상황
특성스포츠 자신감 (SC-trait)	• 타고난 스포츠자신감으로 비교적 안정적 • 스포츠에서 성공하기 위해 필요한 능력을 소유하고 있다는 믿음
경쟁성향 (competitive orientation)	• 스포츠 상황에서 얼마나 경쟁적인가, 즉 남보다 더 잘하려는 의욕 수준 • 시합에 나가는 것을 좋아하면 경쟁성향을 지닌 편이고, 여가 활동을 목적으로 스포츠에 참가하면 경쟁성향이 낮은 편으로 해석함

2. 스포츠자신감 결정 요인

(1) 결정 요인

상태스포츠 자신감 (SC-state)
• 특정 스포츠 상황에서 구체적으로 느끼는 자신감의 수준으로 훈련으로 향상시킬 수 있고 변화가 가능함

상태스포츠 자신감 수준	행동 반응
낮음	불안, 회피, 수행 저하
높음	자신감, 접근, 수행 향상

(2) 주관적 결과 (subjective outcome)

객관적인 결과를 어떻게 느끼는가를 의미하는 주관적 결과는 만족할 수도 있고 불만족할 수도 있다. 이긴 시합이지만 플레이 내용이 안 좋아 만족하지 않을 수도 있고, 어려운 시합에서 졌지만 후회 없는 플레이에 만족할 수도 있다. 객관적 결과에 대한 주관적 해석은 특성스포츠자신감과 경쟁성향으로 피드백된다. 승리한 결과에 만족한다면 자신의 능력에 대한 믿음이 높아져 특성스포츠자신감이 더 굳건해진다. 패했지만 만족한다면 경쟁성향이 높아져 다음 시합이 더 기다려질 수 있다.

주관적 결과	스포츠자신감에 대한 영향
성공 결과	특성스포츠자신감과 경쟁성향이 높아진다. 높아진 특성스포츠자신감은 미래 시합에 대한 상태스포츠자신감을 높인다.
부정적 결과	특성스포츠자신감과 경쟁성향이 줄어든다. 줄어든 특성스포츠자신감은 미래 시합에 대한 상태스포츠자신감을 낮춘다.

다차원스포츠자신감 모형은 기존의 스포츠자신감 모형과 비교하였을 때 자기효능감이나 자신감은 상황에 따른 과제요구에 의해 다양하게 나타난다는 반두라의 자기효능감 이론과 부합되었으며, 스포츠상황에서 나타날 수 있는 선수들의 다양한 자신감 유형을 보여줌으로써 선수들의 심리상태를 보다 심층적으로 살필 수 있는 자료를 제공한다.

3. 다차원 스포츠 자신감 모형
(Vealey & Chase, 2008)
2025년 A 8번

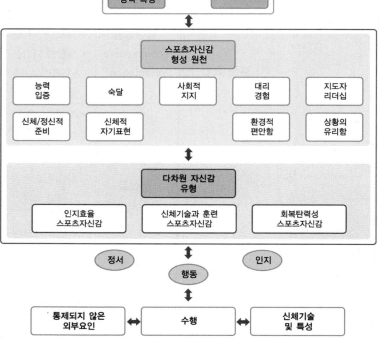

유형	개념
인지효율 스포츠자신감	시합에 참가한 선수가 최상의 수행을 위해 주의집중을 하고 효율적인 결정을 내릴 수 있는 자신의 신념이나 확신 정도
신체기술과 훈련 스포츠자신감	선수가 성공적인 수행을 하는 데 필요한 신체적 기술을 발휘할 수 있는 능력에 대한 자신의 신념이나 확신 정도
회복탄력성 스포츠자신감	경기상황에서 실수를 하더라도 과제에 대한 집중과 회복탄력성을 보이는 과정에서 얻어지는 자신에 대한 믿음으로 경기에 수반된 여러 문제들을 극복할 수 있다는 자신의 신념이나 확신 정도

03 유능성 동기 이론

<table>
<tr>
<td>1. 화이트
(White, 1959)</td>
<td>(1) 인간은 자신의 물리적·사회적 환경 안에서 유능해지기 위해 내적 동기화됨
(2) 숙련지향의 노력이 성공적이면 유능감이 발생하여 내적 동기가 높게 유지됨</td>
</tr>
<tr>
<td rowspan="2">2. 하터
(Harter, 1978)
2016년 A 12번</td>
<td>

(1) 인간은 기본적으로 유능감 동기를 지니고 있으며, 이것은 과제를 숙달하고자 하는 행동을 시도함으로써 충족됨
(2) 유능감은 신체적·사회적·인지적 범주의 다차원적 동기로 간주함

인지적 유능감	학문적 수행 강조
사회적 유능감	동료들 간의 대인관계와 관련
신체적 유능감	스포츠나 신체활동에 대한 능력 지각을 의미함

(3) 성공과 실패의 영향

성공적 시도	성공적인 숙련 시도는 자기효능감과 긍정적 정서를 증진시키고 높은 유능성 동기를 촉발시켜 보다 향상된 숙련 시도를 하게 함
수행의 실패	수행 실패는 낮은 유능성 동기와 부정적인 정서를 유발시켜 중도 포기를 하게 함

</td>
</tr>
</table>

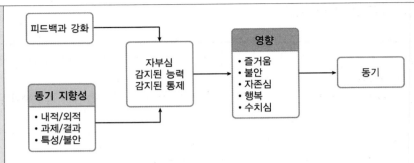

◉ 유능감 동기이론(Gill, 2000)

3. 질
(Gill, 2000)

통제력 인식(기술을 배우고 수행할 수 있는지에 대한 통제력)이 자존감, 역량 평가와 함께 작용하여 동기부여에 영향을 미침

> 어린 농구 선수가 높은 자존감과 유능감, 그리고 농구 기술의 학습과 성과에 대한 통제력을 가지고 있다고 인식한다면, 최상수행을 위한 노력은 즐거움과 자부심, 행복을 높일 수 있을 것이며, 이러한 긍정적인 정서상태를 통해 동기수준을 높일 수가 있다. 하지만 낮은 자존감과 무능감을 느끼는 선수의 경우라면 수행하는 순간에 불안감, 수치심, 슬픔과 같은 부정적인 정서적 반응이 나타날 것이며, 이러한 감정들은 동기수준의 저하로 연결된다.

04 폭스(Fox)의 신체적 자기개념 위계적 모형

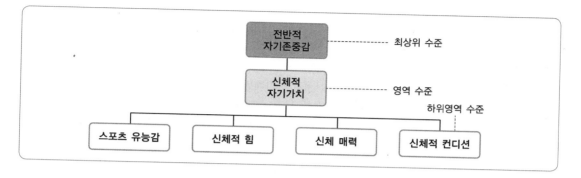

전반적 자기존중감	개념
신체적 자기가치	신체적 자아에 대한 행복, 만족, 자부심, 존중, 자신감에 대한 일반적인 느낌
스포츠 유능감	운동능력, 스포츠 기술 학습 능력, 스포츠에서 자신감에 대한 인식
신체적 힘	근력, 근육 발달, 근력이 요구되는 상황에서 자신감의 인식
신체 매력	외모에 대한 매력 인식, 매력적 신체를 유지하는 능력, 외모에 대한 자신감
신체적 컨디션	신체 컨디션, 스테미너, 체력에 대한 인식, 운동을 지속할 수 있는 능력, 운동과 피트니스 상황에서 자신감

참고 자기지각과 관련된 개념

자기개념 (self-concept)	자신에 대한 기술적인 측면(descriptive aspect)에서의 전반적인 지각이다. 여기서 '기술적'이라는 것은 '좋다 또는 나쁘다'의 판단이 들어가 있지 않고, 있는 그대로를 의미한다. '나는 인정이 많다.', '나는 재능이 있다.', '글쓰기는 장점이지만 농구는 약점이다.'와 같은 표현은 자기개념을 나타낸다.
자기존중감 (self-esteem)	자신에 대한 평가적 측면(evaluative aspect)을 말하는 것으로 긍정적 또는 부정적일 수 있다. '나는 가치가 있다.', '나는 쓸모없는 사람이다.'와 같은 인식은 자기존중감에 해당한다. 자기존중감이 높은 사람은 불안이 낮고, 낙관적이며, 삶의 만족 및 스트레스 적응성이 높은 것으로 알려져 있다. 반면 자기존중감이 낮으면 우울증, 자살충동, 섭식장애, 범죄 등과 관련성이 높아진다.

05 자기존중감(self-esteem) 향상 가설

1. 자기효능감 향상설	Sonstroem과 Morgan(1989)이 제안한 운동과 자기존중감의 관계에 관한 위계적 모형에 근거를 둔 가설이다. 규칙적으로 운동을 하면 세부 운동 과제에 대한 자기효능감이 크게 좋아진다. 모형에 제시된 바와 같이 자기효능감은 신체적 자기개념에 영향을 주고, 신체적 자기개념은 궁극적으로 총체적 자기존중감에 영향을 주게 된다. 운동을 통해 과제 수행에 대한 자신감이 자기존중감 변화를 이끌어내는 핵심 역할을 한다는 설명이다.
2. 신체 이미지 향상설	자신의 신체에 대한 생각과 느낌인 신체 이미지는 신체에 관한 자기개념이자 자기존중감이라 할 수 있다. 신체에 대한 만족감은 자기에 대한 만족감으로 이어지기 때문에 신체 이미지 만족은 중요한 역할을 한다. 장기간 운동을 하면 체성분, 근육 등이 개선되면서 신체 이미지를 좋게 만든다. 신체 이미지 개선 효과는 신체 존중감으로 이어지며, 신체 존중감은 자기존중감 형성에 중요한 역할을 한다. 이 가설은 신체 이미지를 중시하는 사람의 자기존중감 변화를 설명하는 데 적합하다.
3. 자기도식 변화설	자기도식(self-schemata) 가설은 운동 상황에서 형성되는 자신의 정체성으로 자기존중감의 향상을 설명한다. 교회를 오래 다니면 자신을 교인이라 여기듯이 운동을 꾸준히 하면 자신을 운동 실천자로 규정한다. 이러한 자기도식의 변화로 인해 신체적 자기개념, 그리고 총체적 자기존중감이 향상된다는 설명이다.
4. 자결성 향상설	자결성(self-determination)은 자신에게 중요한 의미가 있는 행동을 자신의 통제하에 성공적으로 수행하려는 욕구를 말한다. 이 가설은 행동을 자신이 통제하는가의 느낌(자결성)이 자기존중감의 변화에 핵심적인 역할을 한다고 설명한다. 통제감이 높으면 자기존중감이 좋아지고 통제감을 느끼지 못하면 자기존중감이 감소하는 관계가 있다. 마라톤, 웨이트 트레이닝 등 운동 목표를 달성하면 자결성에 대한 평가가 좋아진다. 운동을 통해 길러진 자결성은 신체적 자기개념을 향상시키며, 신체적 자기개념의 향상은 총체적 자기존중감 향상으로 이어질 것으로 예상한다.

Section 04 불안, 스트레스와 운동수행

01 스필버거(Spielberger, 1966) 불안의 개념 2007년 추가 14번 / 2018년 A 12번 / 2023년 A 9번

1. 상태불안	상황에 따라 변화하는 정서 상태로, 자율신경계의 활성화나 각성과 관련되어 주관적·의식적으로 느끼는 우려나 긴장감		
	(1) 상태불안은 매 순간 변화하며 임박한 상황에서 지각된 위협과 비례하여 변동함		
	(2) 상태불안 유형	① 인지적 상태불안	특정 순간에 느끼는 걱정과 부정적 생각
		② 신체적 상태불안	상황에 따라 순간마다 달라지는 지각된 생리적 반응
2. 특성불안	비위협적인 상황을 위협적으로 지각하여 객관적 위협의 강도와 관계없이 상태불안 반응을 나타내는 개인의 동기나 후천적으로 습득된 행동 경향		

02 스트레스 과정과 요인

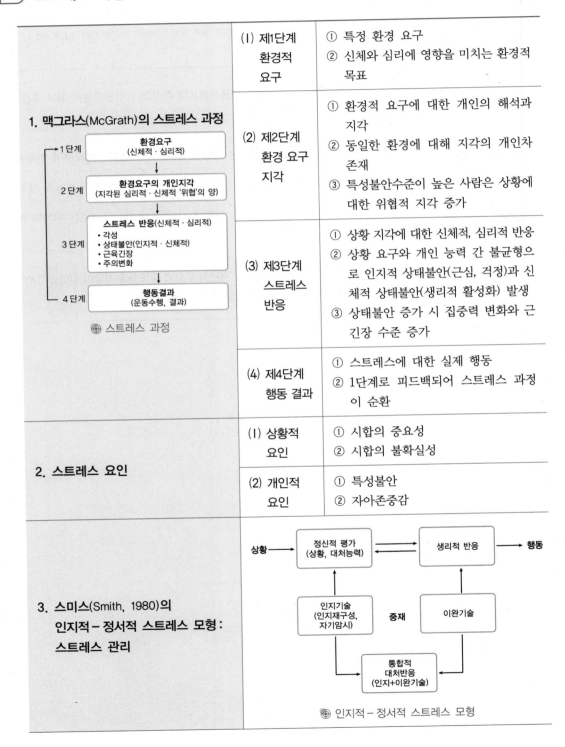

	(1) 제1단계 환경적 요구	① 특정 환경 요구 ② 신체와 심리에 영향을 미치는 환경적 목표
1. 맥그라스(McGrath)의 스트레스 과정 1단계 → 환경요구 (신체적·심리적) ↓ 2단계 → 환경요구의 개인지각 (지각된 심리적·신체적 '위협'의 양) ↓ 3단계 → 스트레스 반응(신체적·심리적) • 각성 • 상태불안(인지적·신체적) • 근육긴장 • 주의변화 ↓ 4단계 → 행동결과 (운동수행, 결과) ◈ 스트레스 과정	(2) 제2단계 환경 요구 지각	① 환경적 요구에 대한 개인의 해석과 지각 ② 동일한 환경에 대해 지각의 개인차 존재 ③ 특성불안수준이 높은 사람은 상황에 대한 위협적 지각 증가
	(3) 제3단계 스트레스 반응	① 상황 지각에 대한 신체적, 심리적 반응 ② 상황 요구와 개인 능력 간 불균형으 로 인지적 상태불안(근심, 걱정)과 신 체적 상태불안(생리적 활성화) 발생 ③ 상태불안 증가 시 집중력 변화와 근 긴장 수준 증가
	(4) 제4단계 행동 결과	① 스트레스에 대한 실제 행동 ② 1단계로 피드백되어 스트레스 과정 이 순환
2. 스트레스 요인	(1) 상황적 요인	① 시합의 중요성 ② 시합의 불확실성
	(2) 개인적 요인	① 특성불안 ② 자아존중감
3. 스미스(Smith, 1980)의 인지적 – 정서적 스트레스 모형 : 스트레스 관리	◈ 인지적 – 정서적 스트레스 모형	

4. 셀리에(Selye, 1975)**의
범적응 증후군**
(General Adaptation Syndrome, GAS)

(1) 환경적 도전으로부터 신체를 보호하기 위한 심리적 준비 상태를 설명함
(2) 심리적 스트레스 원 또는 생리적 스트레스 원에 대한 경고 단계, 저항 단계, 소진 단계의 순차적인 반응을 기반으로 함

구분	명칭	특징
1단계	경고	• 저항력 감소 • 스트레스 원에 대한 즉각적인 반응 • 스트레스 원이 매우 강력하다면 죽음에까지 이름(심각한 화상이나 극단적인 온도)
2단계	저항	• 중간 단계로, 1단계의 증상은 거의 사라짐 • 스트레스에 적응할 수 없을 경우, 저항력은 평균 이상으로 상승함
3단계	소진	• 만성적인 누적된 스트레스 효과 • 스트레스 원에 대한 적응력은 한정됨 • 동일한 스트레스 원에 지속적으로 노출된다면, 신체는 결국 소진된 상태에 이름 • 경고 단계의 징후들이 다시 나타나지만, 이 상태에서는 그러한 징후들에 대한 회복이 어렵고, 결국 사망에 이름 • 만성적 스트레스의 심각성이 부각

03 운동의 과훈련 증상과 탈진 _{2014년 A 8번}

1. 라에데케(Raedeke, 1997)의 번아웃(burnout, 탈진) 정의와 증상

구성요소(영역)	특징	
성취감 저하	기술과 능력 측면에서 개인목표 달성의 불가 또는 기대에 미치지 못하는 수행	• 수행의 변동 심함 • 수행이 계속해서 하강함 • 수행에 대한 통제 상실 • 실력 발휘를 못하고 뒤처짐
스포츠 평가절하	흥미 상실, '상관하지 않는다'는 태도(무관심), 억울함, 비인격화(타인으로부터 멀어짐) 요인이 스포츠에서 두드러지지 않으며 스포츠 평가절하로 교체됨	• 진로에 대한 회의와 불신 (예 "내가 왜 이것을 하지?") • 시합 출전 의욕이 사라짐 • 운동이 이제 즐겁지 않음 • 훈련 시합에 대한 무관심 • 연습이 싫증남
신체적 · 정서적 고갈	과도한 훈련과 시합에 따른 신체적 · 정서적 에너지 소진	• 피곤함과 무기력 • 피곤해서 운동 이외의 다른 일을 하지 못함 • 운동을 쉬고 싶음 • 감정적으로 우울해짐

2. 번아웃 모형 : 번아웃의 원인과 과정을 설명하는 이론

(1) 부정적 훈련 스트레스 반응 모형 (Silva, 1990)	① 과훈련 증후군 (overtraining syndrome)	• 매우 많은 운동량을 비정상적으로 수행하는 훈련 • 훈련이 너무 강하고 길어 선수들이 제대로 적응하지 못하므로 결과적으로는 경기력의 저하를 초래
	② 소진 (staleness)	• 선수들이 제시된 훈련에 적응하지 못할 때 과훈련 자극으로 소진(수행 정체) 반응 발생 • 선수들이 일상적인 훈련을 소화하기 어렵고 이전의 경기력에 도달할 수 없는 상태 • 강도 높은 훈련에 따른 생리적인 부정적 반응과 감정이 합쳐진 상태
	③ 탈진 (burn-out)	• 스포츠참가를 위한 부정적 감정 반응으로 감성, 태도, 동기, 기대 등이 포함된 개인적 증상 • 감정적 고갈, 비인격화(사회적 관심 상실), 감소된 개인 성취감, 성가심 발현

🌐 번아웃의 인지적-감정적 스트레스 모형(Smith, 1986)

(2) 인지적-감정적 스트레스 모형 (Smith, 1980)

단계	사례
① 상황적 요구의 지각	빡빡한 훈련 일정
② 상황에 대한 인지적 평가	일정이 너무 힘들어 자신의 대처 자원을 초과한다는 위협 인식은 부정적 평가를 이끌어 스트레스 초래
③ 생리적 반응	상황을 위협으로 인식하면 긴장, 피로, 불면, 무기력, 질병 등 여러 생리적 변화 발생
④ 생리적 반응의 결과	대처와 과제 행동으로 수행 저하, 탈퇴

(3) 단일정체성 발달과 외적 통제 모형 (Coakley, 1992)	① 사회학 관점의 모형으로 스트레스는 번아웃의 원인이 아니라 증상이라고 주장 ② 번아웃이 스포츠 조직화에 의해 발생되는 사회 문제로 접근 조직의 제약으로 인해 다면적인 정체성 발달이 어려워지는데 스포츠에만 참가하면 자기 정체성의 다른 측면을 탐색·개발하지 못한다. 또 스포츠의 조직화로 인해 의사결정이 다른 사람의 손에 달려 있어 어린 선수에게 자율성이 제한된다. 단일정체성 형성과 자기 삶에 대한 통제력 상실은 관련된 스포츠 조직화로 번아웃이 발생된다.
(4) 스포츠 전념 모형 함정 이론 (entrapment theory / Raedeke, 1997)	① 희망과 의무감 때문에 스포츠에 전념함 ② 의무감으로 스포츠를 지속하는 '함정에 빠진(entrapped)' 선수는 번아웃에 취약함 스포츠를 하고 싶지 않은데 의무감으로 지속하는 선수는 여러 이유로 빠져나오지 못한다. 정체성을 잃을 정도로 스포츠와 강하게 연결되어 있거나, 매력적인 대안이 없거나, 시간과 에너지를 너무 많이 투자했다고 생각하면 스포츠를 계속할 수밖에 없다.

3. 번아웃 예방과 관리를 위한 지침(Goodger 등, 2010)

(1) 초기 경고 사인 발견

(2) 의사결정에 선수 참여

(3) 휴식에 대한 계획 마련

(4) 충분한 회복과 훈련 관리

(5) 선수의 의견 경청

(6) 지도자와 부모의 지지

(7) 재미 제공

(8) 시간과 라이프 스타일 관리

4. 운동중독

(1) 개념	최근에는 운동중독이 지나치게 부정적 측면을 강조한다는 비판에 따라 운동의 존성이란 용어로도 사용된다. 운동의존성은 여가 신체활동에 지나치게 집착해서 여러 생리적·심리적 증상을 유발하는 통제 불가능할 정도로 과도한 운동 행동으로 정의한다.	
(2) 운동의존성의 7가지 특징 (Hausenblas & Simons Downs)	내성(tolerance)	원하는 운동 효과를 얻으려면 운동량을 증가시켜야 함
	금단(withdrawal)	운동을 빠뜨리면 금단증상을 느낌
	의도효과 (intention effect)	원래 의도한 것보다 더 오래 운동을 지속함
	통제상실 (loss of control)	운동량의 통제 또는 줄이려는 노력이 실패함
	시간(time)	운동을 하는 데 지나치게 많은 시간을 투자함
	갈등(conflict)	운동으로 인해 중요한 대인관계 활동을 포기함
	지속(continuance)	운동을 하면 문제가 되는 것을 알고도 계속함
(3) 운동의 목적에 따른 운동의존성 구분	일차 운동의존성	운동 그 자체가 목적
	이차 운동의존성	운동을 수단으로 신체 조성을 변화시키는 것(예 체중 조절, 외모 개선)이 목적

04 불안과 운동수행의 관계

1. 추동 이론(동인 이론, drive theory / Spence & Spence, 1966)

(I) 특징	① 각성수준과 수행력을 비례관계로 설명 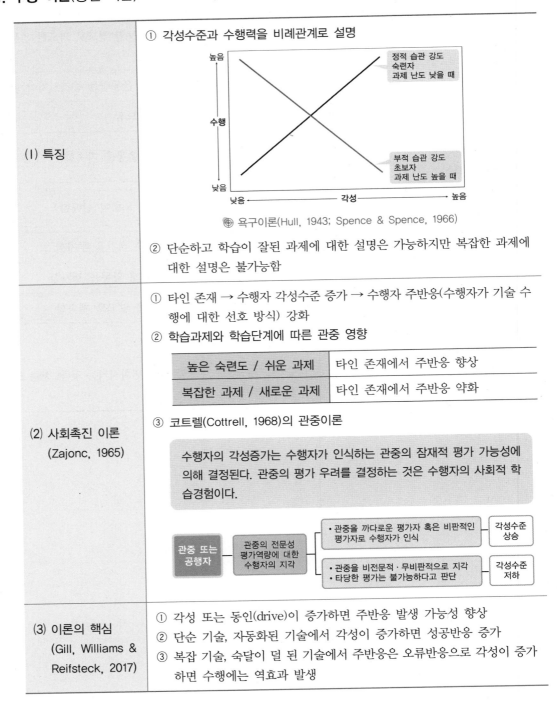 ⊕ 욕구이론(Hull, 1943; Spence & Spence, 1966) ② 단순하고 학습이 잘된 과제에 대한 설명은 가능하지만 복잡한 과제에 대한 설명은 불가능함
(2) 사회촉진 이론 (Zajonc, 1965)	① 타인 존재 → 수행자 각성수준 증가 → 수행자 주반응(수행자가 기술 수행에 대한 선호 방식) 강화 ② 학습과제와 학습단계에 따른 관중 영향 <table><tr><td>높은 숙련도 / 쉬운 과제</td><td>타인 존재에서 주반응 향상</td></tr><tr><td>복잡한 과제 / 새로운 과제</td><td>타인 존재에서 주반응 약화</td></tr></table>③ 코트렐(Cottrell, 1968)의 관중이론 수행자의 각성증가는 수행자가 인식하는 관중의 잠재적 평가 가능성에 의해 결정된다. 관중의 평가 우려를 결정하는 것은 수행자의 사회적 학습경험이다.
(3) 이론의 핵심 (Gill, Williams & Reifsteck, 2017)	① 각성 또는 동인(drive)이 증가하면 주반응 발생 가능성 향상 ② 단순 기술, 자동화된 기술에서 각성이 증가하면 성공반응 증가 ③ 복잡 기술, 숙달이 덜 된 기술에서 주반응은 오류반응으로 각성이 증가하면 수행에는 역효과 발생

2. 여키스와 도슨(Yerkes & Dodson) 역U자 가설(적정수준 이론) 2011년 25번

(1) 특징

① 중간정도 각성수준에서 최고 운동수행 발휘

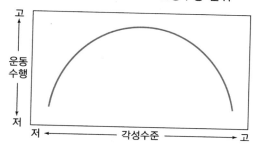

② 과제 특성에 따른 적정 각성수준

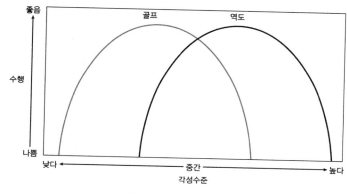

⊕ 각성과 수행 사이의 역U 관계

적정 각성수준	스포츠 기술
5(매우 흥분)	미식축구 태클, 200·400m 달리기, 윗몸일으키기
4(심리적 분발)	단거리달리기, 멀리뛰기
3(중간 각성)	농구, 복싱, 유도
2(약간 각성)	야구, 투구, 펜싱, 테니스
1(낮은 각성)	양궁, 골프, 축구의 킥

(2) 한계점

① 적정 각성수준의 위치(지점) 파악 곤란
② 적정 각성수준의 개인차 미반영

3. 최적수행지역 이론(Individualized Zone of Optimal Functioning, ZOF)

2019년 A 4번 / 2024년 A 4번

(1) 특징	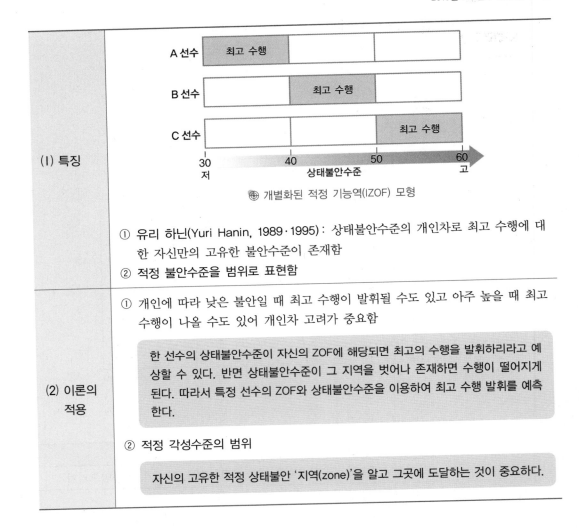 ◈ 개별화된 적정 기능역(IZOF) 모형 ① 유리 하닌(Yuri Hanin, 1989·1995): 상태불안수준의 개인차로 최고 수행에 대한 자신만의 고유한 불안수준이 존재함 ② 적정 불안수준을 범위로 표현함
(2) 이론의 적용	① 개인에 따라 낮은 불안일 때 최고 수행이 발휘될 수도 있고 아주 높을 때 최고 수행이 나올 수도 있어 개인차 고려가 중요함 한 선수의 상태불안수준이 자신의 ZOF에 해당되면 최고의 수행을 발휘하리라고 예상할 수 있다. 반면 상태불안수준이 그 지역을 벗어나 존재하면 수행이 떨어지게 된다. 따라서 특정 선수의 ZOF와 상태불안수준을 이용하여 최고 수행 발휘를 예측한다. ② 적정 각성수준의 범위 자신의 고유한 적정 상태불안 '지역(zone)'을 알고 그곳에 도달하는 것이 중요하다.

4. 다차원 이론 2011년 25번 / 2018년 A 12번

(1) 특징	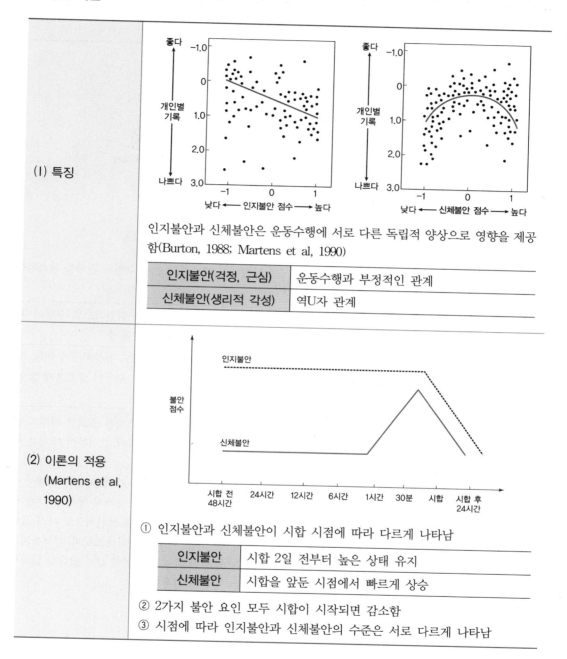 인지불안과 신체불안은 운동수행에 서로 다른 독립적 양상으로 영향을 제공함(Burton, 1988; Martens et al, 1990) <table><tr><td>인지불안(걱정, 근심)</td><td>운동수행과 부정적인 관계</td></tr><tr><td>신체불안(생리적 각성)</td><td>역U자 관계</td></tr></table>

(1) 특징

인지불안과 신체불안은 운동수행에 서로 다른 독립적 양상으로 영향을 제공함(Burton, 1988; Martens et al, 1990)

인지불안(걱정, 근심)	운동수행과 부정적인 관계
신체불안(생리적 각성)	역U자 관계

(2) 이론의 적용
(Martens et al, 1990)

① 인지불안과 신체불안이 시합 시점에 따라 다르게 나타남

인지불안	시합 2일 전부터 높은 상태 유지
신체불안	시합을 앞둔 시점에서 빠르게 상승

② 2가지 불안 요인 모두 시합이 시작되면 감소함
③ 시점에 따라 인지불안과 신체불안의 수준은 서로 다르게 나타남

5. 하디(L. Hardy)의 카타스트로피 이론(catastrophe model of anxiety)

2010년 21번 / 2019년 A 4번 / 2021년 B 9번

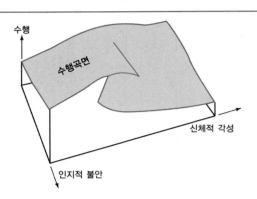

⚜ 불안과 수행에 대한 카타스트로피 모형

(I) 특징	① 인지불안과 신체적 각성을 동시에 고려하여 불안과 수행의 관계를 예측하는 3차원의 비선형적 관계 모형

① 인지불안과 신체적 각성을 동시에 고려하여 불안과 수행의 관계를 예측하는 3차원의 비선형적 관계 모형

인지불안이 낮을 때	신체적 각성이 증가함에 따라 점진적으로 수행이 향상되었다가 낮아지는 역U자 관계
인지불안이 높을 때	신체적 각성이 향상되면 수행도 향상되다가 어느 지점을 넘어서게 되면 한순간에 수행이 급격하게 떨어지는 카타스트로피 발생

② 다차원 불안 이론에서는 인지불안과 신체불안의 상호작용 효과를 다루지 않지만, 카타스트로피 이론에서는 두 불안 차원을 동시에 고려하여 수행을 예측함
③ 히스테리시스 효과(hysteresis effect) 발생 : 추락한 수행 회복을 위해서 신체적 각성을 낮추더라도 수행은 직전의 최고점에 도달하지 못하고 낮은 상태에 머무른다. 따라서 신체적 각성을 완전히 낮춘 후 점진적으로 다시 끌어올려야 이전의 최고점에 도달할 수 있다. 이처럼 카타스트로피 발생까지의 곡선과 발생 후 신체적 각성을 낮췄을 때의 수행 곡선이 같지 않음을 나타내기 위해 히스테리시스 효과라는 개념을 사용한다.

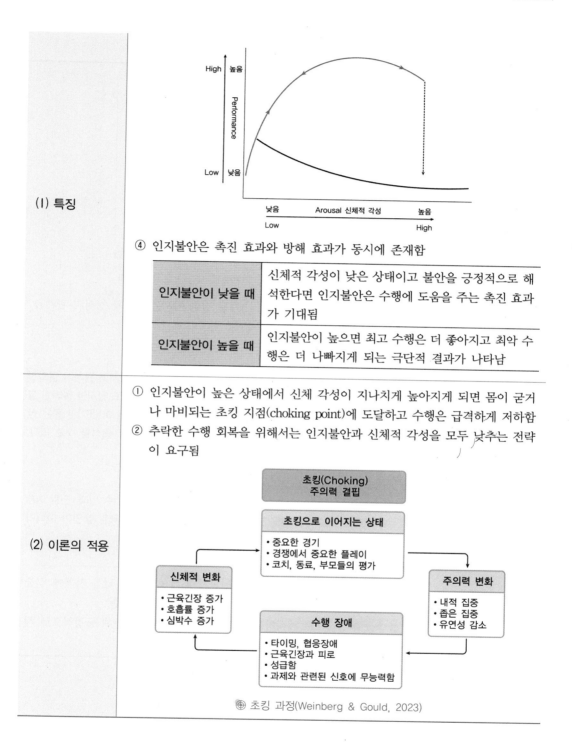

(1) 특징

④ 인지불안은 촉진 효과와 방해 효과가 동시에 존재함

인지불안이 낮을 때	신체적 각성이 낮은 상태이고 불안을 긍정적으로 해석한다면 인지불안은 수행에 도움을 주는 촉진 효과가 기대됨
인지불안이 높을 때	인지불안이 높으면 최고 수행은 더 좋아지고 최악 수행은 더 나빠지게 되는 극단적 결과가 나타남

(2) 이론의 적용

① 인지불안이 높은 상태에서 신체 각성이 지나치게 높아지게 되면 몸이 굳거나 마비되는 초킹 지점(choking point)에 도달하고 수행은 급격하게 저하함
② 추락한 수행 회복을 위해서는 인지불안과 신체적 각성을 모두 낮추는 전략이 요구됨

초킹(Choking)
주의력 결핍

초킹으로 이어지는 상태
• 중요한 경기
• 경쟁에서 중요한 플레이
• 코치, 동료, 부모들의 평가

신체적 변화
• 근육긴장 증가
• 호흡률 증가
• 심박수 증가

주의력 변화
• 내적 집중
• 좁은 집중
• 유연성 감소

수행 장애
• 타이밍, 협응장애
• 근육긴장과 피로
• 성급함
• 과제와 관련된 신호에 무능력함

⊕ 초킹 과정(Weinberg & Gould, 2023)

6. 전환 이론 2011년 25번 / 2017년 B 5번 / 2020년 A 12번

(1) 특징	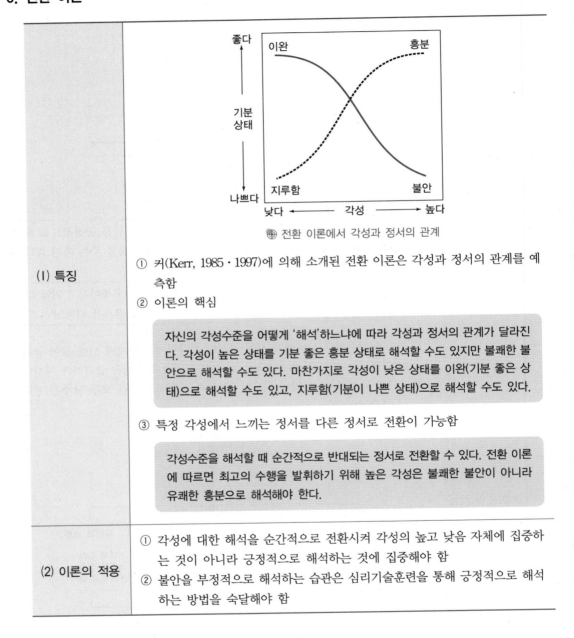 ◉ 전환 이론에서 각성과 정서의 관계 ① 커(Kerr, 1985·1997)에 의해 소개된 전환 이론은 각성과 정서의 관계를 예측함 ② 이론의 핵심 자신의 각성수준을 어떻게 '해석'하느냐에 따라 각성과 정서의 관계가 달라진다. 각성이 높은 상태를 기분 좋은 흥분 상태로 해석할 수도 있지만 불쾌한 불안으로 해석할 수도 있다. 마찬가지로 각성이 낮은 상태를 이완(기분 좋은 상태)으로 해석할 수도 있고, 지루함(기분이 나쁜 상태)으로 해석할 수도 있다. ③ 특정 각성에서 느끼는 정서를 다른 정서로 전환이 가능함 각성수준을 해석할 때 순간적으로 반대되는 정서로 전환할 수 있다. 전환 이론에 따르면 최고의 수행을 발휘하기 위해 높은 각성은 불쾌한 불안이 아니라 유쾌한 흥분으로 해석해야 한다.
(2) 이론의 적용	① 각성에 대한 해석을 순간적으로 전환시켜 각성의 높고 낮음 자체에 집중하는 것이 아니라 긍정적으로 해석하는 것에 집중해야 함 ② 불안을 부정적으로 해석하는 습관은 심리기술훈련을 통해 긍정적으로 해석하는 방법을 숙달해야 함

7. 마턴스(Martens)의 심리에너지 이론

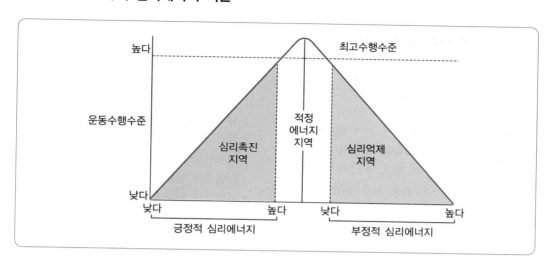

05 운동수행에 대한 각성의 영향

1. 주의 영역의 변화	각성에 따른 주의 영역의 변화 발생
2. 주의 유형의 방해	각성과 불안이 높아지면 선수는 자신이 선호하는 주의 유형으로 돌아가는 경향이 나타남 과도하게 긴장하면 외부로 주의를 돌려야 하는 상황에서 자신의 내부로 주의를 집중하게 되어 수행이 저하된다. 페널티킥 상황에서 극도로 불안한 선수는 공에 집중하지 못하고 실수하는 생각에 빠지기도 한다.
3. 근 긴장의 변화	불안수준이 높아지면 신체 긴장도 증가함 상태불안수준이 과도하게 높아져서 몸에 힘이 들어가면 동작이 유연하게 이루어지지 않고 평소에 하지 않았던 엉뚱한 동작을 하거나 실수가 늘어난다. 특히 근육이 긴장되면 협응이 제대로 이루어지지 않아 부드러운 동작이 나오기 어렵다.

06 불안과 각성 조절

1. 불안수준에 따른 증상과 관찰

	증상	척도
생리	• 심박수와 혈압 상승 • 호흡 증가와 손에 땀 생성 • 동공 확대와 뇌 활동 증가 • 피부로 혈액 양 증가 • 근육 긴장, 산소 섭취량 증가 • 빈뇨, 아드레날린 분비 증가	• 심박수, 호흡, 피부전도, 카테콜라민 측정 • 뇌전도(EEG), 심전도(EKG), 근전도(EMG) • 피부저항(GSR), 발한율, 심박수, 혈압 • 안면근육 패턴, 신체 내의 생화학적 변화 • 뇌반구의 비대칭성
심리	• 근심과 걱정, 의사결정력 감소 • 압도당한 느낌, 혼동감 • 주의 집중력 저하 • 상황 통제력 결여 • 주의 폭 협소	• 자기보고식(self-report)
행동	• 빠른 어조, 떨리는 목소리 • 손톱 물어뜯기, 다리 떨기 • 근육 경련, 하품, 눈 깜빡임	

2. 불안과 각성 조절 기법 1998년 6번 / 2004년 9번 / 2012년 22번 / 2018년 A 12번 / 2019년 A 12번 / 2022년 B 9번

(I) 생리적 방법 (신체 이완)	① 호흡조절	㉠ 이완을 위한 가장 대표적이면서 간단한 방법 ㉡ 신체적 이완을 시작하는 단계에서 효과적 호흡조절 기술은 천천히 깊게 호흡을 하는 것을 강조한다. 호흡조절의 일례로 약 4초 동안 숨을 들이마시고 다시 4초 동안 숨을 참는다. 마지막으로 4초 동안 숨을 내쉰다. 호흡조절은 점진이완이나 명상과 같은 여러 가지 이완기법에 포함시켜 사용한다.
	② 점진적 이완	㉠ 제이콥슨(Jacobson)이 개발 ㉡ 하나의 근육군을 긴장시킨 다음 해당 근육을 이완시키는 순서로 진행 일반적으로 주먹이나 이마 등 특정 근육부터 모든 근육을 순차적으로 긴장시키고 이완시키는 것을 반복하는 방식으로 진행한다(예 오른발 → 오른쪽 무릎 아래와 오른발 → 오른 다리 전체 → 왼발 → 왼쪽 무릎 아래와 왼발 → 왼발 전체 → 오른손 → 오른쪽 팔꿈치 아래와 손 → 오른팔 전체 → 왼손 → 왼쪽 팔꿈치 아래와 손 → 왼손 전체 → 복부 → 가슴 → 목과 어깨 → 얼굴). 이러한 과정으로 긴장된 근육을 자신의 의지로 이완시키는 방법을 터득한다. 시합 전 팔이나 다리를 흔드는 것, 농구 선수가 자유투 직전 어깨에 힘을 주었다가 풀어주는 것은 점진근육 이완의 한 형태이다.
	③ 바이오 피드백 (bio feedback)	특수한 장비를 이용하여 심신의 반응을 측정하고 측정된 정보를 소리, 그래프 등의 형태로 피드백하여 이완이나 긴장 상태를 자신의 의지대로 조절 근육 활동, 피부 온도, 뇌파, 심장 박동과 같은 신체 내부의 반응을 탐지하고, 증폭할 수 있는 전자 모니터링 장비로 확인되는 바이오 피드백을 통해 자신의 의지대로 자율반응이나 뇌파를 조절할 수 있게 된다. 이를 통해 테니스 선수는 바이오 피드백으로 서브 직전에 특정 심박수에 도달하는 것이 가능해진다.

(2) 인지적 방법	① 자기암시 (self-talk)	⊙ 자신과 나누는 내면의 대화 ⓒ 인지조절의 핵심으로 자신의 생각·느낌·행동 강화를 목적으로 사용함(Williams, Zinsser & Bunker, 2015) ⓥ 부정적 자기암시를 긍정적 자기암시로 바꾸는 기법 (Williams 등, 2015)	
		사고정지	원하지 않는 생각이나 말이 떠오르면 바로 '정지(stop)'라고 말하거나 시각적인 단서(빨간 신호등)를 떠올린다. 신체적 단서(손뼉치기)를 사용할 수도 있다.
		긍정적인 생각으로 대체	'나는 저 선수를 만나면 실수를 한다.'라는 생각이 떠오르면 '정지!'라고 외치고 '내가 준비한 대로 시합을 하자.'라고 생각한다.
		반격하기 (countering)	긴장으로 인해 심장이 뛰고 근육이 굳는 상황에서 '나는 지금 편안하다.'라는 생각은 논리적으로 맞지 않다. 이때는 "이러한 상황은 모든 사람들에게 나타나는 것이야. 편안하게 호흡하고, 내가 해야 할 동작에 집중하면 나는 잘할 수 있어."라고 논리적으로 말하는 것이 효과적이다.
		관점 바꾸기 (reframing)	고교시절 상위권에 랭크되어 화려한 시절을 보냈던 선수가 대학에 진학한 후 주목을 받지 못해 잡생각에 빠질 수 있다. 이때 관점을 바꿔 새로운 기술이나 전략을 발전시키는 시기라고 의미를 부여한다.

(2) 인지적 방법	② 인지 재구성 (cognitive restructuring, CR)	㉠ 비합리적·부적응적 생각 패턴을 찾아내서 중지시키는 방법 ㉡ 인지행동요법(Cognitive Behavioral Therapy, CBT)에 포함된 핵심 기법 ㉢ 전문가와 대화를 통해 '자동적'인 부정적 생각을 보다 적응적인 생각으로 바꾸는 것 ㉣ 조건화되어 있던 부정적 생각에서 벗어나 긍정적 생각으로 익숙해지는 과정, 즉 역조건화(counter conditioning)

⊙ Williams와 연구진(2015)

(A) 부정적 생각을 일으키는 상황 찾기	
(B) 부정적 생각의 내용 (부정적 자기암시) 기록	"날씨가 더워서 집중이 어렵겠다."
(C) 부정적 생각에 따른 느낌과 행동 기록	
(D) 논박	"날씨는 내가 신경 쓴다고 해결될 일이 아니다! 조건은 다 똑같다."
(E) 효과	"상대도 마찬가지이다. 내가 해야 할 것에 집중하자."

	③ 명상	Hanton 등(2015) : 마음을 이완시켜 몸의 이완 유도 (mind-to-body 접근) 명상은 편안하고, 수동적 자세로 긴장이 없는 상태에서 시작하며 머릿속 생각에 대해 어떠한 분석이나 특별한 노력 없이 단순히 호흡에 집중한다. 다른 생각이 떠오르더라도 다시 자신의 호흡에 집중을 돌리는 수동적인 주의집중이 필요하다.
(2) 인지적 방법	④ 자생훈련 (autogenic training)	㉠ 요하네스 슐츠(Johannes Schultz)에 의해 1930년에 개발 ㉡ 명상과 유사한 형태의 자기최면 ㉢ 무거움(heaviness)과 따뜻함(warmth)의 감각 유도 ♀ 단계(Hanton 등, 2015)

1단계	무거움 훈련 예 내 오른팔이 무겁다.
2단계	따뜻함 훈련 예 내 오른팔이 따뜻하다.
3단계	심박수 훈련 예 내 심박수는 정상이며 안정상태이다.
4단계	호흡수 훈련 예 내 호흡수는 느리며 아주 편안하다.
5단계	복부의 따뜻함 예 내 배는 따뜻하다. (윗배에 손을 얹은 상태로)
6단계	이마의 차가움 예 내 이마는 차갑다.

(2) 인지적 방법	⑤ 조셉 볼프 (Joseph Wolpe) 체계적 둔감화 (systematic desensitization) 2019년 A 12번 / 2023년 A 9번	㉠ 불안이나 스트레스를 유발하는 자극에 노출될 때 불안반응 대신 이완반응을 보임으로써 불안이나 스트레스에 대해 점차적으로 둔감하게 만드는 훈련 방법 ㉡ 체계적 둔감화를 사용하기 위해서는 점진 근육 이완, 호흡조절 등의 숙달이 요구됨 불안을 유발하는 가장 낮은 상황부터 극도로 높은 불안을 유발하는 상황 단계까지 불안 자극 목록을 '체계적'으로 준비한다. 먼저 가장 낮은 불안을 유발하는 첫 번째 상황에 대해 약 10~15초간 상상을 해보고 점진이완 기법을 사용하여 긴장을 해소한다. 불안이 느껴지지 않을 때까지 반복적으로 이완 기법을 실천한다. 불안이 느껴지지 않고 편안하면 다음 단계로 이동한다. 이러한 반복 연습을 통해 선수들은 불안 상황에 점차 둔감해질 수 있으며 가장 높은 수준의 불안 유발 상황을 극복해 낼 수 있다. 역조건화를 기초로 한 체계적 둔감화는 부상 후 복귀에 대한 두려움이나 골프·야구 등에서 트라우마를 극복하는 데 효과가 뛰어나다.
(3) 불안 감소 복합 기법	① 시각 운동 행동 시연 (Visuo–Motor Behavior Rehearsal, VMBR) 2024년 A 4번	⑨ VMBR의 구성요소(Suinn, 1976·1993) 이완: 심상의 선명도를 높이고 집중 방해요인을 줄이기 위한 목적으로 이완 연습을 실시한다. 몸과 마음을 하나로 연결시키고 근긴장을 낮춘다. 호흡 심상은 실제 수행과 유사한 느낌이 들도록 해야 하고 자신이 수행자가 되는 1인칭 시점으로 한다. 심상: 심상을 통해 성공 수행 장면을 상상할 수 있고, 스트레스를 유발하는 실수에 정신적으로 대비할 수 있다.

(3) 불안 감소 복합 기법	**② 인지적–감정적 스트레스 관리훈련 (SMT)**	㉠ 스미스(Smith, 1980)의 스트레스 모형 확장 ㉡ SMT는 인지재구성훈련, 이완기술훈련 등의 중재 포함 ⊙ SMT의 일반적 단계

<table>
<tr><td rowspan="5">② 인지적–감정적 스트레스 관리훈련 (SMT)</td>
<td>처치 전 평가
(pretreatment assessment)</td>
<td>개인에 맞는 프로그램이 설계될 수 있도록 스트레스 유발 상황, 개인 반응, 스트레스 영향을 파악한다.</td></tr>
<tr><td>처치근거 설명
(treatment rationale)</td>
<td>훈련 프로그램은 심리치료가 아니라 교육적 목적이며 자기주도적 노력이 중요함을 강조한다.</td></tr>
<tr><td>기술습득
(skill acquisition)</td>
<td>이완과 인지적 기법을 습득하여 통합적 대처반응을 개발한다. 근육 이완훈련, 비합리적 생각에 대한 인지재구성 등을 습득한다.</td></tr>
<tr><td>기술 리허설
(skill rehearsal)</td>
<td>의도적인 스트레스를 유발하여 습득한 대처기술로 각성을 낮추는 연습을 한다. 이 과정은 체계적 둔감화와 유사하다.</td></tr>
<tr><td>훈련 후 평가
(post training evaluation)</td>
<td>여러 측정 도구를 사용하여 훈련 프로그램의 효과를 평가한다.</td></tr>
</table>

③ 스트레스 접종훈련 (stress inoculation training, SIT)

㉠ 스트레스가 점차 증가하는 상황에 노출시킨 후, 여러 대처기술을 적용하게 하여 특정 스트레스에 대한 내성이나 면역력을 높이는 훈련(Meichenbaum, 1985)
㉡ 다면적 인지행동요법

훈련 단계	특징
개념화 단계	스트레스 반응과 스트레스 대처 기법(긍정적·부정적 자기암시, 심상 등)에 대한 인식을 높일 수 있도록 대화 형식으로 교육
기술습득 단계	스트레스 상황에서 호흡조절, 이완, 부정적 생각 중단, 성공장면 심상, 긍정적 자기암시 등의 스트레스 대처기술을 배우는 단계
적용 단계	스트레스 수준을 점차 증가시키면서 배운 대처기술을 적용하는 단계

각성 촉진기법

우리는 가끔 컨디션이 저하되거나 지나치게 목표의식이 낮아 각성을 높여야 하는 상황에 놓인다. 나른한 날씨, 쉬운 상대와의 시합, 의욕 저하로 인해 각성이 지나치게 낮다면 다음과 같은 각성 촉진 방법 중에서 효과적인 것을 찾아 적용할 수 있다.

- **호흡수 증가**: 짧고 깊은 호흡을 통해 신경계를 활성화시킨다.
- **활력적 심상활용**: 긍정적인 느낌과 에너지를 주는 이미지 단서를 만든다.
- **활력적 단어**: '폭발', '공격적', '빠르게' 같은 단서어로 에너지를 공급한다.
- **에너지 전환**: 분노, 좌절 등 수행 방해 감정을 긍정적으로 전환한다.
- **준비운동**: 스트레칭, 준비운동을 충분히 해서 활력을 높인다.
- **환경 활용법**: 관중이 만드는 에너지를 수행에 도움이 되도록 사용한다.
- **페이스 개선**: 에너지 낭비를 줄이도록 신체활동의 속도, 강도를 조절한다.
- **음악 듣기**: 각성을 높이는 음악을 선택해서 듣는다.

Section 05 주의집중과 수행

01 주의 유형

1. 니데퍼(Nideffer)의 주의 모형 2006년 15번 / 2012년 20번 / 2017년 B 3번 / 2025년 A 8번

(1) 이론의 가정	① 스포츠 상황에서 선호하는 주의 스타일을 가정함 ② 스포츠 기능은 서로 다른 주의 스타일을 요구함 ③ 선호하는 주의 스타일과 특정 스포츠에서 필요한 주의 스타일이 일치할 경우 효율적 수행 가능	
(2) 범위와 방향	범위	광의(포괄)	시야에 들어오는 다양한 단서에 초점
		협의(제한)	시야에 들어오는 한두 개의 단서에 초점
	방향	외적	신체 외부의 목표나 경기에 초점
		내적	생각과 느낌에 초점
	광의-외적	• 상황에 대한 재빠른 평가를 위해 활용 • 골프 볼을 치기 전 바람의 방향, 홀과의 거리, 벙커의 위치, 나무나 숲 등 외적 환경에 대한 평가 상대 팀 움직임이나 우리 팀 움직임을 파악하여 정확한 패스를 해야 하는 농구 가드	
	광의-내적	• 전략 계획과 과거의 수행 분석을 위해 활용 • 과거 기억 속에 저장된 다양한 샷 경험 회상, 현재 상태와 수집된 외적 정보를 분석하여 알맞은 골프 클럽과 치는 방법 선택 상대 분석을 통해 경기를 분석하는 지도자	
	협의-내적	• 수행에 대한 정신적 연습 및 정서 조절로 심리 연습(심상)을 위해 활용 자신의 긴장 수준 탐지, 완벽한 샷의 심상	
	협의-외적	• 한두 개의 단서에 대한 전적인 주의로 특정한 목표에 집중하기 위해 활용 스윙 상황에서 볼에만 집중	

축구 프리킥 상황	주의 유형	사례
자신의 순서를 기다리는 상황	광의-내적	"골키퍼의 약점을 찾자. 자신 있게!"
킥을 준비하는 상황	광의-외적	"골키퍼의 위치, 거리를 잘 확인하자."
킥을 하기 직전	협의-내적	"킥 성공장면에 대한 이미지를 떠올리자."
킥을 시작할 때	협의-외적	"공만 보고 자신 있게 킥하자."

(2) 범위와 방향

2. 단서 활용 가설(cue utilization hypothesis) _{2021년 B 9번}

(1) 이론의 가정	① 각성 증가에 따라 주의의 폭이 협소화되는 현상(Easterbrooks, 1959) ② 각성에 따른 주의의 폭 변화와 그에 따른 정보 활용성(Etnier, 2009) 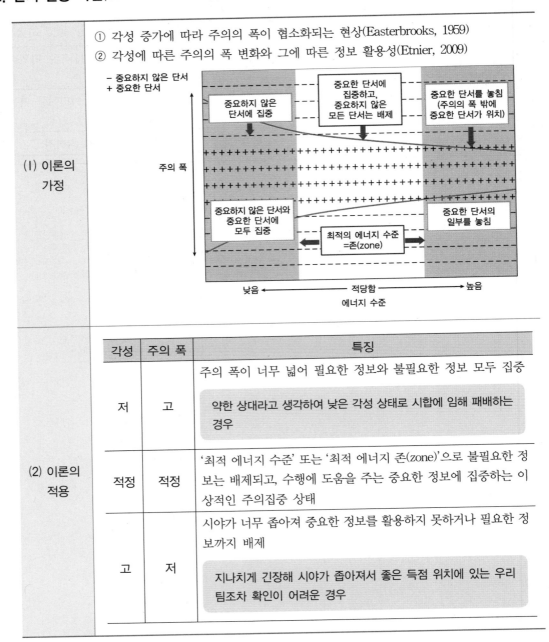

	각성	주의 폭	특징
(2) 이론의 적용	저	고	주의 폭이 너무 넓어 필요한 정보와 불필요한 정보 모두 집중 약한 상대라고 생각하여 낮은 각성 상태로 시합에 임해 패배하는 경우
	적정	적정	'최적 에너지 수준' 또는 '최적 에너지 존(zone)'으로 불필요한 정보는 배제되고, 수행에 도움을 주는 중요한 정보에 집중하는 이상적인 주의집중 상태
	고	저	시야가 너무 좁아져 중요한 정보를 활용하지 못하거나 필요한 정보까지 배제 지나치게 긴장해 시야가 좁아져서 좋은 득점 위치에 있는 우리 팀조차 확인이 어려운 경우

02 주의집중과 수행

1. 주의의 특징

(1) 선택성(selectivity)	특정 단서나 사건에 선택적으로 집중하고 나머지는 무시하는 능력
(2) 용량(capacity)	한번에 처리할 수 있는 정보 양의 한계 상대 팀 분석과 아울러 지도자의 지시를 이해해야 할 경우 2가지를 동시에 집중하기 어렵다.
(3) 각성(alertness)과 연관성	각성수준에 따른 주의의 폭과 정보처리 변화

2. 주의집중 전략 2024년 B 10번

(1) 특징	① 개념	
	주의연합 (association, 내적 주의집중)	운동수행 중 자신의 신체 내부 정보(예) 심장박동, 호흡, 근육의 느낌)에 집중하는 것
	주의분리 (dissociation, 외적 주의집중)	운동수행 중 자신의 신체 외부 정보(예) 음악, 주변 환경)에 집중하는 것

(1) 특징 ② 모건(Morgan)과 폴록(Pollock)의 연구(1977)

> 대부분의 마라톤 선수들은 시합 중 노래를 하거나, 그날의 경기를 되짚어보는 등 주의분리를 사용하지만, 뛰어난 마라톤 선수는 자신의 호흡이나 다리 근육 느낌에 집중하는 주의연합 전략으로 신체적 감각에 주의를 기울인다. 주의연합과 주의분리는 상황이나 자신의 수행 특성에 맞도록 적절하게 사용하는 것이 바람직하다.

(2) 적용

구분		집중 전략	
행동 전략		• 자신감 있게 슈팅하기 • 자신감 고취 행동하기 • 파이팅하기 • 내리지 말자 • 동작이 부드럽게 나오도록 유도하기	
인지 전략	주의연합 (협역-내적)	• 감각과 리듬 찾기 • 감각과 리듬 유지하기 • 자세 생각하기	• 좋은 결과 생각하기 • 편안한 마음 갖기
	주의분리 (협역-외적)	• 표적에 집중하기	

3. 주의와 정보처리 과정의 형태

정보처리 과정의 형태	특징
통제적 처리 (controlled processing)	• 초보자에게 나타나는 현상 • 의식적 주의로 주의 측면에서 많은 노력 필요 • 한 가지 과제만을 수행해야 할 때 적합 • 느린 처리속도 농구 슛 순간에 초보자들은 손목의 모양, 무릎의 움직임, 손을 뻗는 각도 등을 세밀하게 생각하고 슛을 한다.
자동적 처리 (automatic processing)	• 숙련자에게 나타나는 현상 • 무의식적 주의로 많은 노력 필요 없음 • 여러 과제를 동시에 수행해야 할 때 적합 • 빠른 처리속도 농구 슛 순간 숙련된 선수들은 자신의 자세보다 리듬이나 감각 등을 생각하고, 주의집중을 방해하는 상황 속에서도 성공적인 수행을 만들어 낸다. 만약, 숙달된 선수가 자신의 자세나 동작을 의식하고 분석하려고 한다면 복잡한 과제를 자동적으로 수행하지 못할 가능성이 높아진다.

4. 주의와 전문성(expertise)

(1) 우수 선수 특징	① 특정 경기 상황을 더 정확하게 회상(Chase & Simon, 1973) ② 예측 단서(advance cue) 활용과 높은 예측 능력 보유 예측 단서(예 라켓 위치)를 통해 공의 비행궤적 등을 예측하는 능력이 탁월하다(Abernethy 등, 2007; Abernethy & Russell, 1987). 이는 시각차단 기법을 통해 밝혀진 결과로 선택적 주의집중 능력이 우수함을 의미한다. ③ 시합 상황에서 작전 결정을 위한 명제적 지식(무엇을 할지 아는 것)과 절차적 지식(하는 방법을 아는 것)이 우수 테니스 선수를 대상으로 언어 분석 기법을 적용한 연구에서 전문가는 시합 상황에 맞는 작전 실행 계획을 기억하고 이를 활용하여 탁월한 작전 결정을 내리는 것으로 밝혀졌다(McPherson, 2000; McPherson & Kernodle, 2003).
(2) 전문가 법칙	스타르케(Starkes)와 에릭슨(Ericsson)의 전문가 법칙(2003) : 전문성 획득을 위해 10년 이상 또는 1만 시간 이상의 의도적 연습(deliberate practice)이 필요함
(3) 마음 챙김 (mindfulness)	① 동양적 정신수련법으로 현재에 집중하며 수동적·비평가적 태도를 취함 지나가버린 실수나 미래에 대한 걱정 등에 집중하지 않고, 지금 이 순간 있는 그대로에 집중한다. ② 스트레스 대처, 정신적 부담 극복을 위한 심리기술훈련의 일부로 적용되기 시작함

5. 시선고정 현상(quiet eye, QE)

(1) 개념	동작 마지막 순간에 시선이 고정되는 현상
	스매싱, 킥 동작 등을 할 때 공이 떠나도 공에 머무르는 고정시간이 숙련된 선수에게서 더 길다. 긴 시간의 시선고정 현상은 숙련된 선수에게 나타나는 최고의 집중 상태를 반영한다.

(2) 우수 선수 특징 — ⑨ 안구추적(eye tracking) 연구(Vickers, 2007)

상황	특징
농구 자유투	• 마지막 움직임 발생 직전에 시작된다. • 수행 공간에서 주요 단서(위치나 목표)에 시선을 고정한다. • 초보자에 비해 지속 시간이 더 길다. • 기술의 마지막 실행에 앞서 최적의 집중을 필요로 할 때 시선이 머물러 있다.
골프 퍼팅	• 퍼터가 닿는 공의 부분에 시선을 고정한다. • 퍼터가 닿는 부분과 홀컵을 빠르게 시선으로 연결한 다음 2~3초간 시선을 고정한다.

03 집중력 향상 전략

1. 니데퍼(Nideffer, 1993)의 주의제어훈련(attentional control training, ACT)

적용 원칙	• 4가지 주의 유형에 집중하는 방법 숙달 • 변화하는 상황에 대처하도록 주의 유형 전환 • 주의 능력의 개인차 고려 • 개인의 습관화된 주의 유형의 적절성과 특정 상황에서 자신감 수준에 따라 수행력 변화	
	생리적 각성 조절	생리적 각성이 지나치게 높아지면 주의 폭이 좁아지고 내적으로 집중하게 되며 수행을 통제할 수 없을 정도로 나빠지는 초킹(choking)이 발생한다. 이때 지각이 변동되고 시간은 빨리 가는 것으로 느껴져 서두르게 되고, 길항근이 굳어지면서 타이밍과 협응을 방해한다.
	주의 초점 조절	집중을 체계적으로 조절하면 각성(예 근 긴장 수준, 심박수, 호흡수)을 어느 정도 제어할 수 있다.

2. 윌리엄스(Williams) 등의 외부 · 내부통제 주의집중 전략(2015)

(1) 외부통제 전략	실제 시합에서 체험하는 외부 자극에 대한 대처 계획(coping plan)을 반복적으로 숙달하려는 목적으로 파블로프의 조건 원리 적용	
	드레스 리허설	음악, 의상, 안내방송, 조명 등을 실제 시합과 유사하게 조성하여 훈련을 진행한다.
	시뮬레이션 시합 리허설	입장부터 마무리까지 실제 시합장에서의 전체 루틴을 미리 경험한다. 이때 시합장의 다른 시합에서 들려오는 소리, 관중의 함성, 상대 팬의 야유 등을 크게 틀어놓는다.
	멘탈 리허설	실제 동작을 하지 않고 머릿속에서 시합 장면을 떠올려 집중하는 것(예 심상, 시각화, 이미지 트레이닝 등)을 연습한다.
(2) 내부통제 전략	자신의 마음속 혹은 머릿속에서 주의를 방해하는 요인들을 통제하는 집중력 유지 전략	
	주의집중 단서	서브 리턴을 준비하는 선수는 '스텝', '편안하게'와 같은 주의집중 단서를 사용한다.
	센터링	동작 직전 호흡을 조정하여 이완된 상태 또는 적절한 신체 느낌으로 동작을 개시한다.
	틱톡	과거의 실수와 같이 경기와 무관한 생각인 틱(지금 해야 할 필요가 없는 행동)에서 행동을 촉진하는 단서인 톡(지금 당장 필요한 행동)으로 전환한다.
	실패를 성공으로 바꾸기	실패 후 즉시 성공 수행 장면을 떠올리는 심상을 실시한다.
	바이오 피드백	이완 과정이나 스트레스를 받는 순간에 나타나는 자신의 신체 정보를 시각적으로 확인하게 한다.
	집중과 재집중	집중에 방해되는 생각이 들 때, 사진 · 공 · 라켓 등을 통해 다른 곳으로 집중을 옮기는 방법이다.
	수행 프로토콜 (루틴) 개발	일정한 수행 절차에 집중을 연결하면 이상적인 수행을 발휘할 수 있다.

3. 재집중 계획(refocusing plan) · 비상 계획(contingency plan) 수립

재집중 계획은 위기가 닥치거나 예상하지 못한 사건이 일어났을 때 진가를 발휘한다. 많은 노력을 투자해서 시합을 준비하고도 예상치 못한 일이 발생하여 집중이 흐트러질 수도 있기 때문이다. 따라서 중요한 일을 앞두고 있다면 갑자기 닥칠 수 있는 상황에 대한 대비책을 마련해 두어야 한다.

4. 자기암시(self-talk)

목적 Williams(2015)	적용 사례
주의 제어	지금 당장 자신이 해야 하는 것을 떠올리게 만들어 준다.
노력 통제	에너지나 주의집중을 지속적으로 유지하는 데 도움을 준다.
기술 습득과 수행	운동수행에서 중요한 측면을 기억하거나, 집중할 때 사용된다.
나쁜 습관 교정	이전의 자동화된 동작을 제어하고 새로운 움직임에 주의를 기울일 때 사용한다.
정서와 분위기 전환	'할 수 있다', '더 빨리', '전진'과 같은 정서적 단서는 떨어진 분위기를 높여주며 수행 강화를 가져올 수 있다. 이를 통해 선수들의 인지불안은 감소되고 자신의 수행을 촉진적으로 해석할 수 있게 된다.
자기효능감 향상	자기암시를 통해 형성된 자기효능감 인식은 운동을 시작하고 유지하는 데 도움이 된다.

통제 가능성 판단

'결과 생각은 잊고 내가 할 수 있는 것만 했다.'라고 말하는 선수는 통제 가능한 것에 집중한 것이다. 자기암시(self-talk)에 귀를 기울여 자신과 나누는 대화의 내용이 통제 범위 안에 있는 것인지, 통제 범위 밖에 있는 것인지를 파악한다. 만약 통제 범위 밖에 있는 것에 집중하고 있다면 통제 범위 안에 있는 것에 집중하도록 노력해야 한다.

통제 가능한 것	통제 불가능한 것
목표 계획 및 실천, 노력 수준, 현재 집중, 자기암시, 시합 전 준비, 위기 순간 재집중	날씨, 교통 상황, 심판의 오심, 타인의 말과 행동, 지나간 경기, 실수, 경기 환경, 불규칙 바운드, 대진표, 시합 기간, 시합의 결과

5. 가우론(Gauron, 1984)의 자각 확대(expanding awareness) 프로그램

주의 유형	훈련 방법
협의-외적	배구공에 숫자를 적은 후 리시브를 하는 선수가 숫자를 맞추거나 야구공에 색을 칠한 후 특정한 색의 공만 타격한다.
광의-외적	축구 연습에서 지도자가 호루라기를 불면 선수들은 즉시 눈을 감는다. 그중 한 명의 선수가 눈을 뜨고 공의 위치를 말하거나 상대 팀의 움직임을 설명하는 방법으로 진행한다.
협의-외적에서 광의-외적으로 전환	양 팔을 앞으로 뻗어 10cm 정도의 간격으로 엄지손가락을 세운다. 다음으로 자신의 주요 집중 포인트를 최대한 자세하게 바라본다. 천천히 팔을 벌려 엄지손가락의 간격을 넓히면서 주요 포인트, 엄지손가락, 그리고 엄지손가락 사이의 모든 것을 관찰한다. 카메라 줌(zoom) 인-아웃(in-out) 기능을 예로 들어 설명하면 도움이 된다.
협의-내적	들숨과 날숨 상황에서 공기의 흐름을 느껴보거나 특정 근육만을 긴장시킨 후 이완되어 있는 다른 근육들과의 긴장도 차이를 느껴본다. 이때 떠오르는 여러 가지 생각이나 느낌 속에서 평정심을 유지한다.
광의-내적	스트레스로 인해 어려움을 겪는 선수가 확인되면 먼저 그 선수의 정신적 강점과 약점을 빠르게 찾아낸다. 이후 스트레스를 적게 받는 환경에서 훈련할 수 있도록 유도한다.
협의-내적에서 광의-내적으로 전환	앉을 때 의자에 몸이 닿는 느낌, 서 있을 때 발바닥이 바닥에 닿는 느낌을 한 번에 하나씩 잠시 느껴보고 각각의 느낌에 명칭을 부여한다(협의-내적). 그 다음 이 느낌을 동시에 모두 느껴본다. 이때 개별 느낌은 생각하지 않고 전체적으로 느끼는 것이 중요하다(광의-내적).

Section **06** 심리기술훈련의 이해

01 **심리기술훈련**(psychological skills training, PST)

1. 정의	스포츠 경기력 극대화에 필요한 정신적 전략과 기법
	생각과 감정의 조절을 통해 스포츠 상황에서 겪게 되는 스트레스를 극복하고 경기력을 극대화하는 모든 정신적 전략과 기법이며, 훈련을 통해서 달성하려는 최종적인 결과를 의미한다. 자신감과 주의집중력 등은 선수가 심리기술훈련을 통해서 얻고자 하는 것이다.

차원	개념	요인
심리기술 (skills)	최고 수행을 위해 도달되어 있어야 하는 자질	의지, 동기, 자신감, 최적의 신체상태, 정신상태 및 주의집중, 대인관계, 라이프스타일 관리
심리기법 (methods)	심리기술 개발을 위해 사용하는 절차나 기술	각성 조절, 심상, 목표설정, 주의집중

2. 빌리 (Vealey)

심리기술	세부 요인	설명
기본 기술	성취욕구	힘들고 어려운 일을 극복해 내려는 강한 욕망
	자기의식	최고 수행 시 나타나는 자신의 생각과 감정 파악
	건설적인 생각	과거 경험을 토대로 새로운 것을 개발하는 사고 과정
	자신감	어떠한 것을 할 수 있다는 믿음
수행 기술	지각-인지 기술	생각하는 기술
	주의집중	집중력을 유지하는 것
	에너지 관리	자신의 에너지를 관리하는 것
개인 성장 기술	정체성 달성	자기정체성을 명확하게 하는 것
	대인관계 유능감	타인과 효과적인 상호작용이 가능하다는 믿음
팀 기술	리더십	타인이 팀의 성공을 위해 생각하고 행동하도록 만드는 개인의 능력이나 팀의 사회적·심리적 환경
	의사소통	팀 성공과 선수 복지를 촉진하는 팀 내의 대인관계 상호작용
	응집력	팀 목표를 달성하기 위해 서로 일치단결하는 것
	팀 자신감	팀원 모두가 느끼는 팀의 강점에 대한 믿음

02 심리기술훈련의 설계

1. 심리기술훈련(PST)

	PST 단계	특징
(1) 심리기술훈련 단계 (psychological skills training, PST) 2011년 24번	① 교육 (이해)	㉠ 오리엔테이션 ㉡ 심리기술훈련에 대한 연습의 필요성 강조
	② 습득 (준비)	㉠ 여러 심리기술을 실제로 배우는 단계 ㉡ 구체적 심리기술을 익히는 방법 학습
	③ 연습 (실천)	연습과 실제 경기에서 심리기술 사용의 숙달 **연습단계 3가지 목표** • 과학습을 통한 자동화 • 수행과 심리기술의 체계적인 통합 • 실제 경기에 대비한 심리기술 시뮬레이션

	단계	특징
(2) 커센바움 (Kirschenbaum)의 자기조절 (self-regulation) 5단계	① 문제 인식	자신의 종목에서 향상이 필요한 사항 인식
	② 변화 전념	수행에 방해되는 문제해결을 위해 세부 계획과 목표설정 문제해결을 위해 규칙적으로 심리기술을 연습한다.
	③ 실행	문제상황을 효과적으로 대처하는 전략 숙달 압박감이 큰 상황에서도 정확하게 샷을 하는 방법을 익히면서 자기평가·자기관찰을 통해 적절한 기대감을 형성할 수 있다. 자신의 경기 장면을 녹화한 후, 중요한 샷 순간에 불안수준이 어느 정도인지 체크한다. 방해 요인이 생기더라도 포기하지 않고 끝까지 노력하는 것이 중요한 단계이다.
	④ 환경 관리	문제를 야기하는 외적 환경(지도자, 관중, 팀원 등) 관리 스포츠심리상담사와 정기적으로 만나거나(사회적 지지의 극대화) 편안하게 휴식을 취할 수 있는 공간을 마련한다.
	⑤ 일반화	지속적으로 노력하고 새로운 조건과 환경으로 행동 확장 압박감이 큰 상황을 극복하는 심리기술을 시험이나 면접과 같은 다른 상황에도 적용시켜 불안감에 대처할 수 있다.

2. PST 프로그램 개발

(1) 심리기술의 측정	검사지법, 면담, 개인 프로파일 작성법, 단일피험자 관찰법
(2) 심리기술의 강점과 약점 평가	**버틀러(Butler)와 하디(Hardy)의 수행 프로파일 기법(1992)** 선수의 이완 기술이나 집중력과 같은 심리기술, 승부욕과 같은 감정 상태, 그리고 수행을 잘하기 위해 필요한 체력 요소를 모두 평가할 수 있다. 수행 프로파일을 작성하면 자신의 상태를 스스로 확인할 수 있으며, 개인별 약점을 보완할 수 있도록 개인 맞춤형 훈련 목표와 프로그램을 구상하는 데도 효과적이다.
(3) 훈련 대상: 심리기술 결정	① 심리기술의 장단점 분석 결과를 바탕으로 개인에게 맞는 PST 프로그램 설계 ② PST 프로그램의 목적과 기대 효과 | 목적	기대 효과 사례
긍정적 정신 자세	• 지도자의 말에 귀 기울인다. • 모든 시합과 훈련에 최선을 다한다.
실수와 실패 극복	• 배우는 과정에서 실수와 실패가 필요하다는 것을 인정한다. • 변명하지 않는다. • 실수 후에도 긍정적인 자세를 유지한다. • 지나간 실수보다 현재 내가 할 수 있는 것에 집중한다.
스트레스 관리	• 과도한 긴장 상태를 인식한 후 적절한 수준으로 이완시키는 방법을 시도한다. • 높은 스트레스 상황에서 성공하는 장면을 상상한다. • 적절한 단서(cue)에 집중한다.	
(4) 훈련 일정 설계	**훈련 시기 (비시즌)** • 수개월의 연습 기간 요구 • 시합 전 훈련은 경기력 방해 초래 **훈련 기간** • 주당 3~5일, 10~15분간 실시 • 시합 직전과 직후 10~15분
(5) 효과 평가	① 면담과 평정척도 이용 ② 공식적인 경기 성적을 효과 지표로 활용

3. 올릭(Orlick)의 멘탈플랜

(1) 멘탈플랜의 이해		① 개인에게 맞는 심리기술 향상 프로그램을 체계적으로 만들어 가는 과정 ② 선수들이 몰입상태에 접근하고 유지하며, 재접근이 가능하도록 해줌 **심리적 준비계획** (몰입감 가지기) ⬇ **최상수행** ⬆ ⬆ **심리적 수행계획**　　**심리적 회복계획** (몰입감 유지)　　　(몰입감 재획득) ◉ 멘탈플랜 모형(Orlick, 1986a)
(2) 멘탈플랜의 유형	① 심리적 준비계획 (몰입감 가지기)	신체적 준비가 포함된 주 계획과 그 밖의 상황에 대비한 예비계획으로 구성
	② 심리적 수행계획 (몰입감 유지)	연습 및 시합상황에서 목표를 달성하기 위해서는 일반적 심리수행계획(합의 유형인 경쟁과 루틴, 자기조절 과제, 상호작용 종목을 고려해야 하며, 몰입감 유지를 위한 전략 개발)과 예비 심리수행계획(연습과 시합상황에서 반복적으로 발생하는 문제점과 일상생활에서의 문제점들을 함께 대처하는 것)이 필요 연습상황의 문제점으로는 수면 부족, 주의집중 분산, 감독의 언짢은 기분 등이 포함되며, 시합상황의 문제점으로는 선수의 결점, 무례한 관중, 큰 실수에 따른 심리적 불안 등이 있다.

(2) 멘탈플랜의 유형	③ 심리적 회복계획 (몰입감 재획득)	심리회복계획은 예상하기 힘든 문제점들을 극복할 수 있는 능력을 의미함. 심리회복계획은 완벽한 수행력이 목적이 아니라 시합 중 발생되는 힘든 상황을 극복할 수 있도록 도와주는 것이 주목적 심리회복계획은 경기 외적인 부분과 시합상황에서 야기되지만, 상대 선수의 돌발 행동, 경기 외적인 요소에 의한 주의집중 감소, 심판에 의한 오심 등의 통제하기 힘든 상황을 극복하는 것이 이에 해당한다. 따라서 심리회복계획은 예기치 않은 여러 상황에서 평정심을 찾도록 루틴화하는 과정이라고 이해하면 좋을 것이다.
(3) 트리거, 릴리즈, 단서어의 역할	트리거	수행을 위한 루틴의 시작점(육상선수는 신발을 신는 순간, 골프선수는 골프클럽을 잡는 순간)
	릴리즈	선수들의 실수나 잘못된 판단 등으로 인해 수행에 부정적인 영향을 미쳤을 때 나타나는 방어적 행동
	단서어	수행 중 어려움을 겪는 선수들에게 주의집중을 유지, 부정적인 생각에 따른 자신감 저하를 예방

Section 07 심리방법(methods)

01 심상(image)

1. 심상의 개념과 특징

(1) 개념	① 정의	• 모든 감각을 동원하여 마음속으로 어떤 경험을 떠올리거나 새롭게 형성하는 것(Vealey & Walter, 1993) • 심상훈련은 심상을 통제하면서 체계적으로 이용하는 학습 과정
	② 효과 : Feltz & Landers(1983)의 메타분석	• 정신 연습은 인지적(cognitive) · 상징적(symbolic) 요인이 포함된 과제에 보다 효과적 순서 · 타이밍이 중요하거나, 인지적인 과제를 해결하는 데 유리하다. • 학습 초기에 익숙한 과제를 진행하고자 할 때 효과적 • 학습 단계에 따라 효과가 달라짐 • 시합 상황에서 수행할 기술에 대한 심리적 준비에 도움 전반적인 근육신경의 자극이 적절한 긴장 수준과 주의집중을 유도한다.
(2) 특징	① 회상과 창조	• 이미지의 회상과 창조 • 시합 후 자신의 동작 평가 • 새로운 공격 전략 구상 • 낯선 곳에 대한 적응
	② 여러 감각의 동원	• 시각, 청각, 촉각 등 모든 감각 동원 • 여러 감각 동원을 통해 선명한 이미지 생성 • 종목에 따라서 심상할 때 중시되는 감각 차이 반영
	③ 외부 자극과 심상	• 외부 자극 없이 심상 가능 • 감각적 체험 효과 제공

웨인버그(Weinberg)와 굴드(Gould) : 심상의 활용 목적(2015)

집중력 향상	심상을 통해 성공 장면을 상상하고 특정 상황에서 어떻게 해야 하는지를 떠올리면 집중력을 높일 수 있다.
동기 강화	심상은 동기유발에 도움이 된다. 시합에서 금메달을 따는 장면을 상상하는 심상은 동기를 높인다.
자신감 구축	강한 자신감을 가지고 있는 선수는 낮은 자신감을 가지고 있는 선수에 비해 숙달심상(예 도전적인 상황에서 집중할 수 있는 이미지)과 각성심상(예 시합의 짜릿함을 상상해보기)을 더 많이 한다.
감정통제	무기력하고 목표의식이 없을 때 심상으로 각성수준을 높일 수 있고, 반대로 너무 불안할 때 심상으로 각성수준을 낮출 수 있다.
스포츠 기술 습득, 연습·교정	운동선수들은 심상을 통해 연습한 기술을 미세하게 조정할 수 있고, 문제점을 찾아내서 수정 전략을 세울 수 있다.
전략 습득·연습	선수들은 심상을 통해 경기에 대한 새로운 전략을 개발하거나 습득할 수 있으며, 상대에 대한 대처 전략을 검토할 수 있다.
시합 대비	심상은 시합을 준비하는 과정에서 자주 사용된다. 선수는 시합할 장소나, 수행 전 루틴을 떠올려 집중력을 높일 수 있다.
통증과 부상의 대처	심상은 통증 완화와 부상 회복을 위해서도 사용된다. 심상으로 부상부위에 대한 회복 속도를 높이고, 기술 퇴보를 막을 수 있다.
문제해결	자신의 수행을 떠올려 문제를 파악하고 과거 성공적인 동작을 했을 때와 비교할 수 있다.

2. 심상의 관점과 요소 2007년 14번 / 2015년 B 논술 2번

(1) 관점 (유형)	① 내적심상 (internal imagery)	자신의 관점에서 동작의 수행 장면을 상상하는 것 내적심상을 하는 동안 떠오르는 이미지는 이마에 카메라를 달아 찍은 모습과 유사하다. 실제로 그 동작을 할 때 자신의 눈에 비친 모습은 심상 속 이미지와 같은데, 시선을 따라 심상도 계속 변한다.
	② 외적심상 (external imagery)	외부의 관찰자 시점에서 상상하는 것 외적심상은 자신의 동작을 다른 사람이 휴대전화로 찍어 녹화한 영상을 보는 것과 같다. 수행하는 동작을 외부 관찰자 시점에서 상상하기 때문에 내적심상에 비해 운동 감각을 생생하게 느끼는 데 한계가 있다.
		 ⊕ 내적심상과 외적심상
(2) 요소	① 선명도 (vividness)	심상을 위하여 모든 감각을 동원해야 한다. 경기장의 시설물, 체육관 바닥의 종류, 관중과의 거리 등과 같이 주변 환경을 최대한 자세히 떠올리는 것이 좋고 시합에서 느껴지는 긴장감·압박감·흥분 등의 감정도 모두 떠올리는 것이 좋다. 마음속의 이미지와 실제 이미지가 거의 같을수록 좋다.
	② 조절력 (controllability)	이미지를 원하는 대로 조절할 수 있어야 한다. 골프공을 물에 빠뜨리는 장면, 연속 더블 폴트 장면, 바를 건드리는 장면과 같이 실수 장면이 반복되면 조절력에 문제가 있는 것이다.

3. 심상 효과 이론

(1) 제이콥슨(Jacobson, 1931)의 심리신경근 이론 2019년 A 12번	팔을 굽히는 동작을 상상하면 팔의 굴근에 미세한 수축이 발생한다. 예를 들면, 테니스 서브 동작을 마음속으로 상상만 해도 실제와 동일한 근육과 신경경로를 발달시킬 수 있다. 심상을 하면 실제 동작을 하는 것과 똑같은 순서로 근육에 자극이 전달되어 '근육의 운동기억'을 강화시킨다. 즉, 심상을 하는 동안에 뇌와 근육에는 실제로 동작할 때와 매우 유사한 전기 자극이 발생한다.
(2) 데이비드 사켓 (David Sackett)의 상징학습 이론	심상은 운동 패턴을 이해하는 데 필요한 코딩 체계(coding system)의 역할을 하며, 뇌에 동작 부호를 만들어 그 동작을 잘 이해하도록 하고, 자동화시키는 역할을 한다. 예를 들어, 체조선수가 동작을 상상하면 '머릿속의 청사진'이 뚜렷하게 만들어져 동작의 순서와 방법이 숙달되고 능숙해지는 데 도움이 된다. 바둑 두기, 작전 구상하기와 같이 인지적 요소가 많은 과제를 대상으로 할 때 심상의 효과가 더 좋다는 연구결과가 있다.

(3) 랑(Lang, 1977·1979)의 심리적·생리적 정보처리 이론 (생물정보 이론) 2023년 A 9번		전제 (proposition)	심상 또는 이미지가 기능적으로 조직되어 뇌의 장기기억에 저장되어 있는 구체적인 형태
	구성	자극전제 (stimulus proposition)	상상해야 할 상황의 조건
			배구에서 서브 전에 관중석의 관중, 상대코트의 모습, 네트의 위치, 들고 있는 공에 대한 상상
			심상 내용 · 어떤 복장을 하고 있는가? · 바람이나 기온, 습도는 어떤가? · 눈에 비치는 주변 사람들의 모습은? · 코스 또는 체육관 환경은?

구성	반응전제 (response proposition)	심상의 결과로 일어나는 반응	
		서브를 시작할 때 공을 튀기는 느낌, 몸 전체의 리듬감, 서브 성공에 대한 부담감과 근육의 긴장감	
		심상 내용	• 동작 시작 시점의 여러 근육의 느낌은? • 심장과 호흡은 어떠한가? • 종아리, 허벅지 등 근육의 긴장감은? • 위기 상황에서 느끼는 감정과 행동은?

(3) 랑(Lang, 1977 · 1979)의 심리적 · 생리적 정보처리 이론 (생물정보 이론)

2023년 A 9번

① 심상에서 반응전제가 핵심

> 심상에 여러 반응전제들을 포함시켜 수정 · 강화하는 것이 중요하다. 그러나 이미지를 떠올릴 때 자극전제와 반응전제를 모두 떠올려야 선명도가 높아진다.

② 특정 상황과 상황에 대한 다양한 반응을 포함한 심상

> 특정 상황(예 실내 수영장, 결승전)뿐만 아니라 그 상황에 대한 행동 반응(예 팔에 힘주는 동작, 페이스대로 달리는 것), 심리 반응(예 자신감을 느끼는 것), 생리 반응(예 활력이 넘치는 것) 등 여러 반응을 포함시키면 이미지가 더욱 선명해지고 이로 인해 심리적 · 생리적 변화가 생겨 수행 향상에 도움이 된다.

(4) 와인버그와 굴드 (Weinberg & Gould)의 심리적 상태 (심리기술향상 가설)

① 심상이 심리기술 습득 및 향상에 중요한 역할을 한다는 주장
② 불안을 낮추고 대처하는 방법을 배우는 스트레스 접종 훈련이나 스트레스 관리 훈련 프로그램에는 심상이 핵심적인 과정으로 포함되어 있음(Meichenbaum & Meichenbaum, 1977)

> 심상은 우리가 자신의 감정이나 스트레스 반응에 대한 이해를 가능하게 한다. 자신이 두려움이나 불안을 느낄 가능성이 있는 상황을 상상함으로써 이러한 상황에 대한 이해를 높이고, 감정을 효과적으로 관리하는 방법을 배울 수 있다.

(5) 아센(Ahsen)의 트리플 코드 이론 (Triple Code Theory, TCT) 2025년 A 8번	① 이미지 활용과 수행 간의 관계를 설명하는 것으로 이미지 자체(Image Itself), 신체적 변화(Somatic Changes), 이미지의 의미(Meaning of the Image)라는 세 가지 요소로 구성됨

① 이미지 활용과 수행 간의 관계를 설명하는 것으로 이미지 자체(Image Itself), 신체적 변화(Somatic Changes), 이미지의 의미(Meaning of the Image)라는 세 가지 요소로 구성됨

> 이미지 자체는 수행하는 장소나 트랙, 코스 등 외부 세계를 나타내며, 신체적 변화나 생리적 변화는 이미지의 활성화로 인해 발생하는 심박수의 증가나 땀 등이 해당된다. 이미지의 의미는 개인마다 고유한데, 이는 개인의 두려움과 역사를 반영하며, 이미지의 의미를 이해하는 것은 선수가 이미지를 더욱 최적화된 방법으로 활용하기 위해서 중요하다.

② 세 가지 구성 요소인 ISM은 선수가 가지는 이미지를 통합함

> 구체적으로, 이미지 자체는 모든 감각의 특성을 가지고 있으며, 실제 세계인 것처럼 이미지와 상호작용할 수 있다. 또, 신체적 변화는 요구되는 것에 대해 인식하게 되었을 때 발생하며, 이미지의 의미는 선수가 어떻게 운동기술을 수행해야 하는지 이해하는 방식이다. 각 이미지는 중요한 의미를 가지며, 특정 의미는 각 개인에게 다른 의미를 가지게 할 수도 있다.

4. 심상의 활용

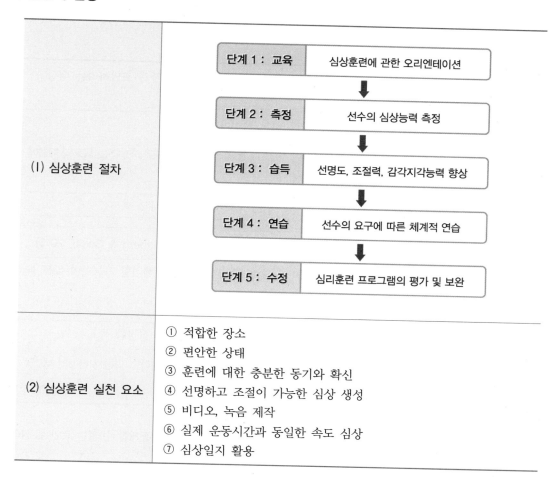

(1) 심상훈련 절차	단계 1 : 교육 — 심상훈련에 관한 오리엔테이션 단계 2 : 측정 — 선수의 심상능력 측정 단계 3 : 습득 — 선명도, 조절력, 감각지각능력 향상 단계 4 : 연습 — 선수의 요구에 따른 체계적 연습 단계 5 : 수정 — 심리훈련 프로그램의 평가 및 보완
(2) 심상훈련 실천 요소	① 적합한 장소 ② 편안한 상태 ③ 훈련에 대한 충분한 동기와 확신 ④ 선명하고 조절이 가능한 심상 생성 ⑤ 비디오, 녹음 제작 ⑥ 실제 운동시간과 동일한 속도 심상 ⑦ 심상일지 활용

02 목표설정

1. 목표 정의와 유형 2015년 A 기입 5번

(1) 정의	① 목표: 개인이 달성하고자 하는 것 또는 어떤 행동을 통해 도달하려는 대상 ② 목표의 2가지 속성		
	내용(content)	달성하고자 하는 목적이나 결과 '서브권을 가질 때 80% 득점률을 목표로 하겠다'는 목표의 내용에 해당된다.	
	강도(intensity)	목표 달성을 위해 투자하는 시간이나 노력	
(2) 유형	♡ 목표의 유형(정청희·김병준, 1994; Martens, 1987; Weinberg & Gould, 2015)		
	주관적 목표 (subjective goal)	• 객관적이지 않아 개인마다 다르게 해석할 가능성이 있는 목표 '최선을 다하겠다.', '재미있게 하겠다.'	
	객관적 목표 (objective goal)	• 구체적인 수치나 객관적인 기준을 설정한 목표 '3개월 이내에 체중을 5kg 감량하겠다.', '다음 시합에서 1초 단축한다.'	
	결과목표 (outcome goal)	• 시합의 결과에 중점을 둔 목표 • 목표 달성 여부는 자신의 능력 또는 통제할 수 없는 요인(예 상대의 기량, 대진표)의 영향을 받음	
	수행목표 (performance goal)	• 자신의 수행에 대한 목표를 달성하는 데 중점을 두는 목표 • 자신의 과거 기록이 기준 • 결과목표와 달리 통제 가능하고 유연하게 적용(융통성) • 타인의 영향을 거의 받지 않고 자신의 노력에 따라 달성이 가능	
	과정목표 (process goal)	• 동작을 잘 수행하기 위해서 핵심적으로 필요한 행동에 중점을 두는 목표 • 자기효능감과 자신감을 높이고 인지불안을 낮추는 데 도움 제공(Kingston & Hardy, 1997).	

목표 예시	구분
1. 10km를 35분 이내에 달린다.	수행목표
2. 20km 단축마라톤에서 3위를 한다.	결과목표
3. 자유투의 성공률을 80%로 높이겠다.	수행목표
4. 서브에서 팔꿈치를 완전히 펴서 스윙한다.	과정목표
5. ○○고등학교를 이긴다.	결과목표
6. 공을 기다릴 때 체중을 발 앞에 둔다.	과정목표
7. 삼진 아웃을 6개 잡겠다.	결과목표
8. 한국시리즈에 진출한다.	결과목표
9. 1루수의 캐치 범위에 80% 이상 송구한다.	수행목표
10. 국가대표팀에 선발된다.	결과목표

(2) 유형

2. 목표설정과 수행 향상

(1) 로크(Locke)와 라탐(Latham)의 목표설정 모형	① 주장		구체적이며 실현 가능한 약간 어려운 목표가 구체적이지 않으며 쉬운 목표에 비해 수행 효과가 더 좋다. 전념(commitment), 피드백, 과제 복잡성과 같은 조절변인(moderator)은 목표설정 효과에 영향을 준다.
	② 적용	목표설정 효과	• 과제의 핵심에 주의를 집중시킨다. • 수행자가 노력을 하게 도와준다. • 노력하게 할 뿐만 아니라 노력을 지속시킨다. • 새로운 학습전략을 개발하게 한다.
			• '최선을 다하자'라는 모호한 목표에 비해 구체적인 목표가 더 효과적이다. • 쉬운 목표에 비해 실현 가능한 약간 어려운 목표가 더 효과적이다. • 단기목표는 융통적이며 통제 가능하고, 장기목표도 중요한 역할을 한다. • 부정적 목표(하지 말 것)에 비해 긍정적 목표(할 것)가 더 효과적이다. • 개인목표만큼 집단목표가 수행을 증진시키는 데 도움을 준다.

(2) 버튼(Burton)의 인지 이론	① 주장	선수의 목표가 불안, 동기, 자신감과 밀접하게 연결되어 있다.	
	② 적용	결과목표 집중	원하는 미래에 대한 비현실적인 기대로 인해 자신감이 떨어지고 인지불안이 높아질 수 있다. 이로 인해 노력을 덜 하게 되고 결국에는 수행 저하로 이어진다.
		수행목표 집중	선수가 목표를 통제할 수 있고 융통적으로 조절할 수 있어 시합 결과에 현실적인 기대를 하게 도와준다. 따라서 수행목표는 자신감, 인지불안, 동기 측면에서 적절한 수준을 유지하게 하여 궁극적으로 수행을 향상시킨다.
(3) 버튼(Burton)과 네일러(Naylor): 목표성향(goal orientation)의 영향(2002)	① 주장	목표성향(성공을 정의하는 기준)과 지각된 능력에 따라 계획하는 목표 유형이 달라지며, 그에 따라 목표가 수행에 주는 효과에도 차이가 있다. 자기향상을 중시하고 지각된 능력을 높이 평가하는 선수(수행성향)에게 목표설정의 효과가 가장 잘 나타나며, 남과 비교하면서 능력감이 낮은 선수(실패성향)에게는 목표설정의 효과가 약하다.	
	② 적용	수행성향 (performance orientation)	학습(얼마나 배웠는가)과 자기향상을 토대로 성공을 정의하면서 지각된 능력이 높은 선수가 갖는 목표이다. 목표설정에 따른 수행 향상의 효과가 가장 높다.
		성공성향 (success orientation)	사회적 비교와 승리를 근거로 성공을 정의하면서 지각된 능력이 높은 선수가 갖는 목표이다. 목표설정에 따른 수행 향상의 효과가 중간 정도이다.
		실패성향 (failure orientation)	사회적 비교와 승리를 근거로 성공을 정의하면서 지각된 능력감이 낮은 선수가 갖는 목표이다. 목표설정에 따른 수행 향상의 효과가 낮다.

3. 집단목표의 설정

(1) 팀 목표설정 원칙 (Widmeyer & DuCharme, 1997)	• 장기목표를 먼저 설정하기 • 장기목표에 도달하기까지 여러 단기목표를 분명하게 설정하기 • 팀 목표설정 과정에 모든 구성원을 참여시키기 • 팀 목표 달성 정도를 체크하기 • 팀 목표 달성에 대해 보상하기 • 팀 목표에 대한 팀 자신감과 유능감을 높이기
(2) 팀 목표의 4가지 유형 (Dawson & Bray, Widmeyer, 2002)	• 선수 개인의 자기목표(예 팀 내 랭킹 1위 달성) • 팀을 위한 개인의 목표(예 팀의 결승전 진출을 위해 자기 경기 승리하기) • 팀의 목표(예 이번 시즌 우승) • 개인을 위한 집단목표(예 우리 팀 에이스 선수 다승 1위 만들어주기)

4. 목표설정 지침 2002년 8번

(1) 목표설정의 10대 원칙 (Weinberg & Gould, 2015)	• 구체적인 목표 • 현실적이면서 도전적인 목표 • 단기목표와 장기목표 모두 설정 • 연습목표와 경기목표 모두 설정 • 목표 기록 • 목표 달성을 위한 전략 개발 • 과정목표, 수행목표, 결과목표의 우선순위 결정 • 긍정적 목표 • 개인목표와 팀 목표 모두 설정 • 목표 달성을 위한 지원책 마련 • 목표 달성에 대한 평가

(2) SMART-SMARTER 목표설정 원칙 (Smith, 1994)	Self-determined	스스로 결정한 목표가 내적 동기를 높인다.
	Specific	목표는 정확히 무엇을 해야 하는지 나타나야 한다.
	Measurable	목표는 측정이 가능하게 세워야 한다.
	Action oriented	목표는 행동 실천 전략을 포함해야 한다.
	Realistic	현실적으로 달성할 수 있는 목표를 세워야 한다.
	Time based	목표 달성 기한을 정해놓아야 한다.
	Evaluate	피드백을 반영해서 목표를 조정한다.
	Revise	목표를 달성하면 새로운 목표를 설정한다.

03 루틴(routine) 2009년 21번 / 2015년 B 논술 2번

1. 루틴의 개념과 효과

(1) 개념	루틴은 경기력을 향상시키기 위해 계획한 순차적인 수행 전 행동으로, 선수들이 최상의 운동수행을 발휘하는 데 필요한 자신만의 고유한 동작이나 절차를 의미함(정청희·김병준, 2009 재인용)
(2) 효과	경기 준비, 조절 가능한 요인에 집중, 예상치 못한 경기 상황 변화에 적응, 자기자각 ♀ 루틴의 효과(Taylor & Wilson, 2005)

준비	선수가 최상수행을 할 수 있도록 신체, 심리, 기술 및 전략, 장비 등에 대하여 완벽한 준비를 할 수 있도록 한다.
조절력	선수 스스로 조절 가능한 것에만 집중할 수 있도록 하여 스트레스, 에너지 소모 등을 낮추며, 시합에 대한 집중력을 강화시킨다.
적응력	예측 불가능한 여러 환경에 유연하고 긍정적으로 대처할 수 있도록 하여 최고의 수행을 유지할 수 있도록 한다.
자각	외부 자극에 대해 더 나은 반응을 하도록 수행에 대한 통찰력을 높여준다.
통합능력	심리, 신체, 기술을 통합하여 신체적 통찰력을 강화하고, 긴장을 감소시키며, 집중력을 증대시켜 효과적인 기술 수행이 가능하도록 한다.

2. 루틴의 유형

(1) 시합 전 루틴 (precompetition)	① 시합 전·중 특정 동작을 실시하기 전이나 시합에 대비하기 위한 신체적·심리적 준비 ② 준비운동이나 시합에서 중요한 순간에 많은 집중이 필요한 경우 실시
(2) 수행 전 루틴 (미니 루틴, preperformance)	① 시합 규칙에 어긋나지 않는 선에서 짧고 간결하게 준비 ② 수행의 일관성 증진 양궁 슈팅, 골프 샷 직전에 이루어지는 '프리샷 루틴'은 미니 루틴이다. 농구 자유투, 축구 프리킥, 테니스 서브·리시브, 야구 배팅, 다이빙·단거리 달리기의 출발, 체조 동작 준비 등 특정한 기술을 수행하기 전의 준비할 시간이 있는 종목에 활용되면 효과적이다. ♡ 구성 요인(전략) | 인지적 요인(전략)	정신적 이완, 기술적 단서, 심상, 긍정적 생각, 인지 재구성, 자신감 유지, 주의집중, 혼잣말, 의사결정
행동적 요인(전략)	신체적 이완, 기술 수행에 필요한 동작	
(3) 수행 후 루틴 (postperformance)	수행이 성공했을 때와 실패했을 때를 구분하여 개발 동작을 성공한 후에 하는 세리머니를 반복하게 되면 성공이라는 자극과 세리머니라는 반응이 강하게 연결되어 만족감을 높여줄 수 있으며, 선수 스스로에게 자축의 의미가 되어 타인의 축하보다 더 큰 뿌듯함을 안겨준다. 동작에 실패한 직후 자신을 비난하거나 자책하게 되면 집중력과 자신감이 하락할 수 있다. 실수 직후 당면한 과제에 다시 집중하기 위한 목적으로 실시한다.
(4) 시합 후 루틴 (postcompetition)	감정을 다스리고 시합에 대한 긍정적인 측면에 집중하는 데 도움을 제공함 시합에서 불만이 있던 점에 대해 분석·비평·논의하는 것은 감정이 정리된 후에 진행하는 것이 필요하다.

스포츠 집단과 지도자

Section 08 코칭행동과 리더십

01 코칭행동

1. 조건화 : 행동은 조건을 통해 학습·지속된다.

(1) 고전적 조건화 (classic conditioning)	① 무의식적이고 반사적인 반응과 결합된 조건 ② 이반 파블로프(Ivan Pavlov) : 고전적 조건 반사 실험 경기력이 좋지 않은 상황에서도 인터뷰를 해야 하는 경우, 선수는 경기력에 대한 질문의 대답이 어려울 수 있고, 인터뷰에 대한 두려움이 발생할 수 있다. 만약 이런 상황이 반복적으로 지속된다면 그 선수에게 인터뷰는 두려움의 대상으로 남을 수 있다. 결국 경기를 잘한 날에도 인터뷰를 힘들어하는 상황이 발생한다.
(2) 조작적 조건화 (operant conditioning)	① 특정 행동과 결과가 결합된 조건 ② 행동 결과에 의해 행동이 강화되거나 약화되는 학습 과정 ③ 왓슨(Watson)이 이론 제기, 스키너(Skinner, 1953)가 이론 체계 정립

2. 조작적 조건화 요인

	강화	• 특정 행동이 나타난 다음에 자극 또는 조건을 부여함으로써 미래에 특정 행동 반응이 나타날 확률을 높여주는 것
	처벌	• 특정 행동이 나타난 다음에 자극이나 조건을 부여함으로써 미래에 특정 행동 반응이 나타날 확률을 감소시키는 것
	강화물 (reinforcer)	• 강화 시에 제공되는 자극으로 우승 트로피, 상장, 메달, 대회참가 티셔츠와 같은 유형적인 보상물 • 지도자의 칭찬과 격려, 팬들의 응원, 가족의 후원과 같은 비유형적인 보상 • 운동선수들에게는 성공적인 수행 경험 자체

(1) 강화(reinforcement)와 처벌(punishment)의 개념

조건	내용 설명	예시
정적 강화 (positive reinforcement)	긍정적인 자극이 제시되거나 사건이 발생함으로써 특정 행동의 빈도나 강도를 증가	• 멋진 태클로 공격을 저지했을 때, 감독의 칭찬 • 경기 MVP에게 상금 지급
부적 강화 (negative reinforcement)	부정적이거나 회피하고 싶은 자극이나 사건을 제거시킴으로써 행동의 빈도나 강도를 증가	• 최고 기록을 달성한 선수에게 체력 훈련 1회 휴식권 부여 • 목표한 훈련량을 채웠을 때, 나머지 훈련 열외
정적 처벌 (positive punishment)	특정 행동 뒤에 부정적이거나 회피하고 싶은 자극을 제시하거나 부여해줌으로써 행동의 빈도나 강도를 약화	• 잘못된 기술을 수행했을 때, 고함을 질러서 꾸중 • 시합 중 실수를 했을 때, 관중의 야유
부적 처벌 (negative punishment)	'금지형' 처벌로 특정 행동 뒤에 긍정적인 자극을 제거하거나 박탈함으로써 행동의 빈도나 강도를 약화	• 중대한 반칙을 범한 운동선수에게 두 게임 출장 금지 • 선수가 팀 규율을 어길 경우, 자유 시간 제한

(2) 강화와 처벌의 분류

행동	긍정적인 자극 또는 사건	부정적인 자극 또는 사건
제시	정적 강화	정적 처벌
제거	부적 처벌	부적 강화

스포츠 사례	구분
연습할 때 실수를 많이 해서 코치 선생님께 심하게 꾸중을 들었다.	정적 처벌
제대로 된 동작으로 수행을 했을 때만 관중들이 야유를 멈췄다.	부적 강화
멋진 다이빙 캐치를 해내자 코치 선생님이 박수를 치면서 "잘했다."고 칭찬해 주었다.	정적 강화
팀의 훈련 규칙을 위반한 선수를 시합에서 제외시키고 벤치에 앉혀 두었다.	부적 처벌
작년 내내 팀원들이나 코치 선생님과 불화가 있었던 선수의 주장직을 박탈하였다.	부적 처벌
팀의 모든 선수들이 경기 마지막 순간까지 정신력을 발휘하자 코치 선생님들이 일어나서 환호성을 질렀다.	정적 강화
대회에서 MVP로 뽑혀서 보너스 휴가를 받았다.	정적 강화

3. 긍정적 강화의 적용

(1) 효과적인 강화물 (positive reinforcer) 적용	♡ 강화물의 유형(Weinberg & Gould, 2015)		

♡ 강화물의 유형(Weinberg & Gould, 2015)

유형		사례
사회형	얼굴 표정	미소 짓기, 고개 끄덕이기, 윙크하기
	손짓, 몸짓	손뼉 치기, 엄지 들어주기, 일어나서 손뼉 치기, 만세, 주먹 불끈 쥐기
	신체 접촉	어깨·등 두들겨주기, 악수하기, 껴안아 주기
	개인 칭찬	'잘했다, 훌륭했다, 좋았다, 자랑스럽다' 등 칭찬하기
	기술 칭찬	구체적 기술(던지기 폼, 백핸드)을 칭찬 하기
활동형		자유 연습 시간, 연습 게임, 지도자 역할 대신하기, 시범 보이기, 포지션 바꿔서 연습하기, 주장직, 부주장직, 포지션 리더
물질형		장려금(보너스), 유니폼, 훈련복, 비품 지급, 트로피, 상장, 감사패, 완장(리본)
특별행사형		스포츠 영화 감상, 스포츠 시설 견학, 단체 회식, 시합 관람, 프로팀 연습훈련 참관, 선배선수, 스포츠 유명인 초대행사

(1) 효과적인 강화물 (positive reinforcer) 적용

(2) 바람직한 행동 강화

바람직한 행동 강화의 일반적 지침

• 학습 초기에는 작은 성과도 강화한다(예 행동조형 적용).
• 결과보다는 노력하는 과정을 강화한다.
• 성취결과에 대해 반응하기보다 행동과정에 대해 반응한다.
• 스포츠 기술뿐만 아니라, 심리기술과 사회관계 기술도 강화한다 (예 책임감, 협동, 솔선수범, 자신감, 주의집중 등).

행동조형(shaping)의 구체적 단계
① 바람직한 행동과 바람직하지 않은 행동을 정의하고 빈도나 강도 등을 구체적으로 기록한다.
② 바람직한 행동에 점차적으로 가까워질 수 있도록 동작을 여러 단계로 나눈다.
③ 바람직한 행동을 지도하고, 바람직하지 않은 행동을 통제할 수 있도록 구체적인 지도상황을 설정한다.
④ 주요강화물과 처벌물을 정한다.
⑤ 부분적인 완성도에 따라 바람직한 행동에 점차적으로 근접하도록 강화물과 처벌물을 순차적으로 적용한다.
⑥ 수행의 변화를 촉진시키기 위해 직접 시범을 보이거나 자세를 잡아준다.
⑦ 바람직한 행동과 바람직하지 못한 행동의 빈도를 조사하여 행동조성의 효과를 확인하고, 필요한 경우에는 각 단계를 수정한다.

(2) 바람직한 행동 강화

프리맥 원리
데이비드 프리맥(David Premack)은 상대적으로 낮은 확률로 일어나는 행동을 강화하기 위해서 높은 확률로 일어나는 행동을 강화물로 활용할 수 있다는 것을 밝혀냈다(Premack, 1965). 여기서 말하는 프리맥 원리(Premack principle)란 일어날 가능성이 높은 행동이 일어날 가능성이 낮은 행동을 강화하는 원리를 말한다. 친구들과 놀고 싶어 하는 어린이에게 '숙제를 마쳐야 나가서 놀 수 있다.'는 말은 친구들과 놀고 싶은 행동이 숙제를 마쳐야 한다는 동기로 작용한다. 스포츠와 운동 상황에서 선수들은 반복적인 체력훈련보다는 게임 위주의 실전훈련을 선호하는 경향이 있다. 선수들이 고강도 서킷 트레이닝(강화행동)을 마친 후에 포지션별 족구(강화물) 대결을 실시하도록 지도한다면 프리맥의 원리를 적절하게 적용했다고 볼 수 있다.

(2) 바람직한 행동 강화	강화의 빈도	기술 숙련 정도에 따라 달리 제시하는 것이 효과적 초보자에게는 높은 빈도, 숙련자에게는 낮은 빈도의 강화가 효과적이다. 따라서 학습 초기 단계에서는 매번 강화하고 점차 향상되면 간헐적으로 강화한다. 숙련자에게는 강화 비율을 줄이면서 선수 스스로가 자신의 수행을 평가해 볼 수 있는 기회를 제공한다.
	강화의 시점	바람직한 행동 발생 직후 바로 제시하는 것이 효과적 일반적으로 즉각적인 강화물을 제공하는 것이 효과적이지만, 상황에 따라 즉각적인 강화물과 장기적인 강화물(예 헬스클럽에서 최대출석자에게 사은품 지급 등)을 혼합해서 사용할 수도 있다.
	결과 지식 제공	넓은 의미의 피드백에 해당 정보 기능, 강화 기능, 동기유발 기능

강화 적용 유의점(Strohacker, Galarraga & Williams, 2014)

강화물을 시기적절하게 개개인의 특성에 맞춰서 사용한다면 긍정적인 결과를 기대할 수 있다. 하지만 금전적·물질적 보상은 오히려 동기를 저하시키기도 한다. 즉, 제공되는 보상에 통제적 측면이 강하다면 내적인 동기를 낮추고 의사결정에 관한 자율성을 감소시켜 반발심을 유발한다. 또한, 물질적인 보상은 단기적 효과가 있을 뿐, 장기적 측면에서의 효과는 미지수이다.

4. 처벌의 적용

(1) 처벌의 제한적인 효과 (Weinberg & Gould, 2015)	① 도덕적 이유를 바탕으로 한 조건부적 처벌은 부정행위나 범법 행위를 방지하는 데 적합 ② 잘못된 행동을 보이는 선수들을 처벌함으로써 팀 내 다른 선수들에게 행동에는 책임이 따른다는 생각 부여 ③ 부적절한 행동을 처벌함으로써 팀 내 다른 선수들에게 팀 규율을 어기면 똑같은 처벌을 받는다는 교훈 제공
(2) 처벌의 부정적인 영향	① 실패공포(fear of failure) 실패에 대한 두려움이 높은 선수는 승리를 위해 노력하기보다 실패의 고통을 회피하려고 노력한다. 그 결과 자신의 실력을 증명하기 위해 노력하기보다 자신의 열등감을 숨기는 데 급급해지는 경우가 발생한다. • 유능감, 동기, 감정, 수행에 부정적인 영향을 미친다. • 걱정, 무질서, 수행-회피목표(performance-avoidance goal)를 갖게 되는데, 수행-회피목표가 높을수록 자신감이 떨어지고 불안이 높아진다. • 자신감과 창의성이 필요할 때 지나치게 안전하게 경기를 하게 된다. • 흥미를 잃고 중도에 포기하게 되거나 부상 가능성이 높아진다. ② 부정적인 학습 분위기 조성
(3) 처벌 지침 (Weinberg & Gould, 2015)	① 동일한 규칙을 위반했을 때 누구라도 동일하게 처벌하여 일관성 유지 ② 사람이 아니라 행동을 처벌한다. 미워서 처벌하는 것이 아니라 행동 변화를 위해 처벌한다는 점을 강조 ③ 규칙 위반에 관한 처벌 규정을 만들 때 선수들의 의견 반영 ④ 처벌로 신체활동(예 운동장 돌기, 엎드려뻗쳐 자세) 사용 금지 ⑤ 처벌이 관심을 끄는 데 사용되지 않도록 주의 ⑥ 개인적인 감정으로 처벌 금지 ⑦ 연습 중에 실수한 것에 대해서는 처벌 금지 ⑧ 전체 선수들 앞에서 개개인 선수를 처벌하여 창피를 주지 않도록 유의 ⑨ 처벌을 자주 하는 것은 좋지 않지만 처벌이 불가피할 시에는 단호하게 처벌 ⑩ 개인적인 잘못을 집단 전체의 잘못으로 돌리지 않도록 유의 ⑪ 연령에 적합한 처벌 ⑫ 처벌이 필요한 선수에게 처벌의 이유 설명

5. 행동수정의 효과

(1) 바른 동작의 빈도 향상	처벌보다 강화가 바람직한 행동을 이끌어내는 데 효과적
(2) 팀 분위기 개선	시덴톱(Siedentop, 1980)은 선수들에게 상점(예 연습 참여, 팀원 격려 행동)과 벌점(예 팀 분위기 저해 행동)을 부여한 후 체육관 복도에 상벌점표를 게시하는 행동수정 기법을 사용하였다. 그 결과 선수들의 전체적인 수행 향상이 확인되었으며, 팀원 간의 분위기도 우호적으로 변화되었다.
(3) 출석률 향상	맥켄지와 러셀(Mckenzie & Rushall, 1974)은 선수들의 출석률을 높이기 위해 세 단계의 행동조성 단계를 진행하였다. 첫 번째 단계에서는 출석 여부만을 게시판에 표시하였고, 두 번째 단계에서는 정시에 온 선수만 출석으로 인정했고, 마지막 단계에서는 정시에 출석해서 연습을 마쳐야지만 출석으로 인정했다. 출석률 결과를 살펴보면, 첫 번째 단계에서는 45%, 두 번째 단계에서는 63%, 세 번째 단계에서는 100%의 출석률을 보였다. 선수들의 기록도 약 27%가 향상되었다.

6. 코칭행동평가체계(coaching behavior assessment system, CBAS)

(1) 코칭행동 평가체계의 개발

♡ 반응적 행동

분류	정의
수행목표 달성에 대한 반응	
강화	훌륭한 경기 또는 많은 노력에 대해 언어적·비언어적으로 나타내는 긍정적이고 보상이 되는 반응
무강화	훌륭한 수행에 대한 반응의 결핍
실수에 대한 반응	
실수에 대한 격려	실수에 대해 선수에게 주어지는 격려
실수에 대한 기술 지도	실수를 수정하는 방법을 선수에게 지시하거나 시범을 보임
처벌	실수에 대해 언어적 또는 비언어적으로 표시하는 부정적인 반응
처벌적 기술 지도	실수에 대해 처벌적이고 적대적인 방식으로 가해지는 기술적 지시 사항
실수 무시	실수에 대한 반응의 결핍
나쁜 행동에 대한 반응	
통제 유지	팀 구성원 사이의 질서를 회복하거나 유지하려는 반작용

♡ 자발적 행동

분류	정의
경기와 관련 있는 행동	
일반적 기술 지도	(실수에 따른 것이 아닌) 해당 스포츠의 기술과 전략에 대한 자발적인 지시
일반적 격려	(실수에 따른 것이 아닌) 자발적 격려
조직과 관리	의무와 책임, 포지션 등을 부여함으로써 경기에 대한 활동 범위를 설정하는 행동
경기와 무관한 행동	
일반적 의사소통	경기와 무관한 선수들과의 상호작용

(2) 코칭행동 평가체계의 활용	코칭활동수준	$$코칭활동수준(AL) = \frac{전체\ 행동 - (무강화 + 실수\ 무시)}{전체\ 관찰\ 시간(분)}$$ 60분간의 연습 시간에 무강화와 실수 무시를 제외하고 총 120회의 코칭행동이 관찰되었다면, 코칭활동수준은 120/60=2.0이다.
	강화일관성	$$강화일관성(RC) = \frac{긍정적\ 강화}{긍정적\ 강화 + 무강화}$$ 계산된 수치가 1에 가까울수록 강화일관성 높음
	실수에 대한 반응	실수 관련 격려, 실수 관련 기술 지도, 처벌, 처벌적 실수 관련 기술 지도, 실수 무시 등이 실수에 대한 전체 반응에서 차지하는 비율

02 리더십

1. 스포츠 리더십 4요인

(1) 리더 특성	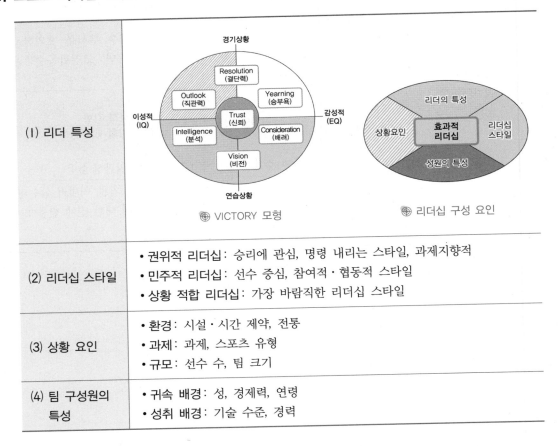
(2) 리더십 스타일	• 권위적 리더십: 승리에 관심, 명령 내리는 스타일, 과제지향적 • 민주적 리더십: 선수 중심, 참여적 · 협동적 스타일 • 상황 적합 리더십: 가장 바람직한 리더십 스타일
(3) 상황 요인	• 환경: 시설 · 시간 제약, 전통 • 과제: 과제, 스포츠 유형 • 규모: 선수 수, 팀 크기
(4) 팀 구성원의 특성	• 귀속 배경: 성, 경제력, 연령 • 성취 배경: 기술 수준, 경력

2. 리더십 이론의 발달

(1) 특성적 관점	훌륭한 리더는 타고난 성격과 특성이 존재한다. 즉, 리더 성격 특성을 지닌 사람은 어떤 상황에서든지 리더가 될 수 있다. ① 1920년대 등장한 '위인 이론(great man theory)' ② 위대한 리더의 공통적인 특성: 지능, 단호함, 독립성, 자신감과 같은 안정적인 기질

① 성격 특성보다는 실제 행동에 초점

> 리더는 태어나는 것이 아니라 만들어지는 것이며, 효과적인 리더십을 배우면 누구든지 리더가 될 수 있다.

② 오하이오 주립대학 연구

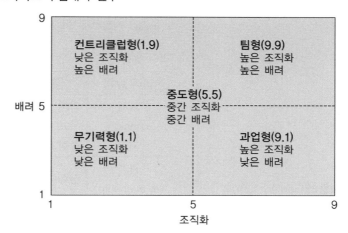

◈ LBDQ 리더십 모형

♡ 행동 유형에 따른 리더 특징

리더행동	특징
배려 (consideration)	리더와 구성원 간 화목한 분위기를 조성하고 구성원의 감정을 중시하며, 상호 신뢰를 구축한다.
주도 (initiating structure)	집단의 목표 성취를 위해 계획·규칙·절차 등을 세우고 의사소통을 관리하여 집단을 조직화하고 새로운 생각을 실천한다.

(3) 상황적 관점 상황이 리더의 특성이나 행동보다 중요

(4) 상호작용 관점 리더의 성공은 성격 특성만으로는 예측할 수 없을 뿐더러, 이러한 특성들은 상황에 따라서 시시각각 바뀌기도 한다. 훌륭한 지도자들은 상황의 요구에 맞추기 위해 리더십 스타일과 행동을 수정한다.

(2) 행동적 관점

3. 리더십 모형 2002년 10번 / 2008년 13번 / 2009년 2차 4번 / 2012년 23번

(1) 피들러(Fiedler, 1981)의 상황부합 모형 (contingency model)	① 리더십의 상호작용적 관점 지도자의 코칭 효과성(coaching effectiveness)은 상황의 유리함 여부에 달려 있기 때문에 지도자들은 구성원들과의 소통과 주변 상황에 따라 관계지향 리더의 모습과 과제지향 리더의 모습을 적절하게 변화시키는 유연함이 필요하다.

② 리더 유형

리더 유형	특징	사례
과제 (task) 지향	과제 수행과 목표 달성에 중점	• 규칙 정립 및 실행 • 순차적인 절차·방법 활용 • 조직관리
관계 (relationship) 지향	상호 대인관계 에 중점	• 개방적인 의사소통 • 긍정적인 분위기 형성 • 의리, 존중, 배려, 신뢰

③ 조직의 상황 결정 요인 : 리더와 구성원의 관계, 과제 구조, 리더의 지위 권한과 권위

상황 통제력	특징
고(高)통제 상황	리더와 성원의 관계가 화목하고 명확한 과제 구조가 형성되어 있으며, 리더가 막강한 권한을 갖고 있는 상황
중간 상황	성원과의 관계는 원만하지만 과제가 복잡하거나, 성원과의 관계는 원만하지 않지만 과제가 단순한 상황
저(低)통제 상황	리더와 성원의 관계가 원만하지 않고 과제도 복잡하며, 리더가 적합한 영향력을 발휘하지 못하는 상황

④ 조직의 상황과 리더 유형

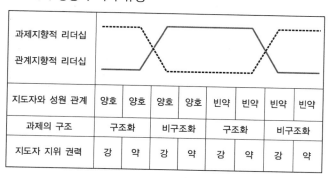

지도자와 성원 관계	양호	양호	양호	양호	빈약	빈약	빈약	빈약
과제의 구조	구조화		비구조화		구조화		비구조화	
지도자 지위 권력	강	약	강	약	강	약	강	약

(1) 피들러(Fiedler, 1981)의
    상황부합 모형
    (contingency model)

> 상황부합 이론에서는 상황이 매우 유리하거나 매우 불리할 때(고
> 통제 또는 저통제 상황)에는 과제지향 리더가 효과적이며, 유리하
> 지도 불리하지도 않은 상황(중간 상황)일 때는 관계지향 리더가 효
> 과적이다. 따라서 스포츠 지도자는 유연한 리더십 스타일을 갖추
> 고 상황과 구성원 특성에 따라 적합한 리더십 스타일을 적용하는
> 것이 바람직하다.

① 상황적, 개인적, 인지적, 행동적 변수들을 모두 고려
② 사회 인지적 관점(social cognitive approach)

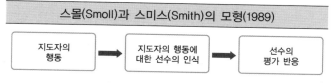

스몰(Smoll)과 스미스(Smith)의 모형(1989)

⊛ 인지 매개 리더십 모형

(2) 인지 매개 리더십 모형
    (cognitive–mediational
    model of leadership)

> 선수들은 지도자의 행동을 인식하고 회상함으로써 지도자에
> 대한 태도를 정하고 반응한다. 이러한 과정은 상황적인 요인
> 과 선수 개인 특성에 의해 영향을 받게 된다. 예를 들어, 지도
> 자가 전지훈련 기간 동안 야구선수의 타격 자세교정을 위해
> 서 스윙 원리에 대해서 설명하는 경우, 선수가 피드백을 중요
> 하게 인식하지 않으면 시큰둥한 반응을 보일 수 있다.

• 인지적인 과정과 개인차가 핵심
• 지도자의 행동 결정 요인: 지도자의 개인 특성(예 지도자로
  서의 역할), 상황적 요인(예 경기 상황), 선수 태도에 대한 지
  도자의 인식

(3) 첼라두라이(Chelladurai)의 다차원 리더십 모형 (multidimentional model of leadership)		① 리더행동

① 리더행동

규정 행동	조직 내에서 리더가 필수적으로 수행해야 하는 행동 지도자가 코칭 스태프, 관중, 언론매체를 대할 때 기대되는 구체적인 행동이나 체육 교사가 교내에서 동료 교사, 학생, 학부모를 대할 때 지켜야 할 행동 등이 있다.
실제 행동	리더의 실제행동으로, 리더의 성격·능력·경험과 주어진 상황·집단이 선호하는 방식에 따라 변화됨 숙달 분위기를 중시하는 지도자는 선수 간 비교·경쟁보다 기술 수준 향상을 위해 연습과 노력에 대한 칭찬을 많이 한다.
선호 행동	선수들이 선호하거나 원하는 리더행동 연령·성·경력·기술 수준과 같은 개인 특성, 경험, 상황 특성에 따라 선호 행동이 달라질 수 있다. 예를 들어 지도자의 지속적 피드백 제공을 선호하는 선수가 있는 반면, 필요할 때만 제공해 주는 피드백을 선호하는 선수도 있다.

② 리더십은 다양한 상호작용의 과정

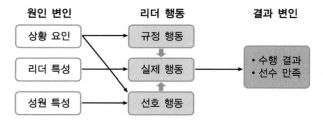

상황 요인, 리더 특성, 성원 특성이 리더행동에 영향을 미치고 리더행동은 수행 결과와 선수 만족에 잇따라 영향을 준다. 다차원 리더십 모형의 핵심은 세 가지의 리더십행동(규정행동, 실제행동, 선호행동)이 일치할수록 수행 결과와 선수 만족에 긍정적인 영향을 미친다는 점이다.

③ <u>스포츠 리더십 척도</u>(Leadership Scale for Sports, LSS) : 다차원 리더십의 측정

(3) 첼라두라이(Chelladurai)의 다차원 리더십 모형 (multidimentional model of leadership)

리더행동	특징
훈련 (지도 행동)	강도 높은 훈련, 선수의 기량 및 수행 향상에 목적을 둔 리더행동으로 리더는 선수에게 기술이나 시합 전략을 중점적으로 지도하고, 선수들 사이의 노력을 조정하는 등의 역할을 한다.
민주적 행동 (의사결정 스타일)	팀 목표설정, 훈련 방법, 시합 전략과 전술에 관한 결정을 내릴 때 선수들의 참여를 극대화한다.
권위적 행동 (의사결정 스타일)	단독적으로 의사결정을 진행하여 리더 자신의 권위를 강조한다.
사회적 지지 (동기 중점)	개개인 선수들의 복지에 관심을 갖고 선수들과 따뜻한 대인관계를 형성하는 데 중점을 둔다. 선수들의 수행과 상관없이 운동 상황 이외의 상황에서도 선수들을 배려한다.
긍정적 피드백 (동기 중점)	긍정적인 피드백은 수행 결과에 따라 제공하며 운동 상황을 벗어나지 않는다.

4. 리더십 유형

| (1) 변혁적 리더십 (transformational leadership) | ① 번(Burns, 1978)이 '변혁적 리더십'이라는 용어를 제안하였고, 이후 바스 (Bass, 1985)에 의해 개념이 정립 |

① 번(Burns, 1978)이 '변혁적 리더십'이라는 용어를 제안하였고, 이후 바스 (Bass, 1985)에 의해 개념이 정립

② 변혁적 리더십의 주요 요인과 전략

요인	전략
이상적 영향력	• 선수들의 존중을 받기 위해서는 선수들을 존중한다. • 솔선수범한다.
영감적 동기부여	• 선수들의 과제 달성에 열정을 보이고 신뢰한다. • 흥미로운 비전을 분명하게 제시한다. • 지도자가 선수에게 바라는 점을 설명한다.
지적 자극	• 선수들이 의사결정 과정에서 자신의 의견과 피드백을 낼 수 있도록 격려한다.
개별화된 배려	• 개개인 선수들의 강점과 약점을 이해한다. • 개인 성장을 지지한다.

③ 변혁적 리더십의 효과

스포츠와 운동 상황에서 선수들이 지도자가 변혁적 리더십행동을 가지고 있다고 인식하는 경우에 높은 내적 동기를 보였고 수행도 향상되었다. 또한, 체육 교사들이 변혁적 리더십을 나타내는 경우에는 학생들의 동기, 긍정적인 태도 및 감정, 체육 수업과 여가 시간 신체활동이 모두 향상되었다.

① **진성 리더십**: 진성 리더십은 긍정적 자기개발을 이루면서 구성원들과 함께 일하는 리더로서, 긍정적인 심리수용력과 긍정적인 윤리 분위기를 증진시키는 리더행동의 패턴이다.

> 진성 리더는 자기성찰과 자기인식을 통해서 진정성을 오랜 기간 동안 발전시켜 나간다. 뿐만 아니라 진성 리더는 리더와 구성원 사이에 진정성 있는 관계를 발전시키며 구성원들의 발전을 도모한다(Walumbwa, Avolio, Gardner, Wernsing, & Peterson, 2008).

(2) 진성 리더십
(authentic leadership)

② 진성 리더십의 주요 요인

요인	개념
자아인식 (self-awareness)	지속적인 자기 성찰을 통해서 자신에 대한 이해를 높이고 도덕적 품성을 함양한다.
내면화된 도덕적 시각 (internalized moral perspective)	자신이 가지고 있는 윤리성을 토대로 외부의 압력이나 변화에 순응하지 않고 자기조절을 내재화한다.
균형 잡힌 정보처리 (balanced processing)	의사결정을 위해서 모든 관련 정보를 분석하고 구성원의 상이한 의견도 수렴하여 객관적으로 판단한다.
관계적 투명성 (relational transparency)	진정한 자신을 드러내고, 부적절한 감정을 최소화하되 솔직한 생각이나 감정을 구성원들과 공유한다.

Section 09 응집력과 팀 빌딩

01 집단의 정의와 특징

1. 집단의 정의	공통의 정체성과 목표, 운명을 가지고 있고 상호 인식을 토대로 구조화된 상호작용과 의사소통 양식을 가지고 있으며, 개인적 측면과 목표 달성에 있어 상호 의존적인 매력을 공유하는 2인 이상의 집합체(Carron & Eys, 2012)	
2. 스포츠 집단의 특징	(1) 공통된 운명	성공·실패와 같은 결과를 팀 모두가 공유한다.
	(2) 대인 매력 및 상호 혜택	팀 내 대인관계가 즐겁고 만족스럽다.
	(3) 사회적 구조	일정한 팀 규범과 역할 등의 구조가 존재한다.
	(4) 상호 의존성	팀 구성원들은 목표 달성을 위해 서로 의지한다.
	(5) 공통의 정체성과 자기범주화	팀 구성원은 자신을 팀 구성원으로 인식한다.

02 집단 수행

집단의 실제 생산성 = 잠재적 생산성 – 과정손실

	잠재적 생산성	• 팀 성원들이 실력을 최대로 발휘했을 때 나타나는 결과 • 자원(지식, 기술, 능력 등)의 총량으로 잠재적 생산 결정		
1. 스타이너 이론 (Steiner, 1972)	과정 손실	과정손실	정의	예시
		조정 손실	구성원 사이에 타이밍이 맞지 않거나 잘못된 전략을 사용하여 발생하는 손실	• 달리기 계주에서 선수들 간의 손발이 맞지 않아 바통터치가 제대로 되지 않은 경우 • 테니스 복식에서 두 선수 사이에 온 공을 서로 양보하다 놓치는 경우
		동기 손실	구성원이 최대의 노력을 하지 않고 게으름을 피울 때 발생하는 손실	• 학생들이 함께 매트를 운반할 때, '나 하나쯤이야'라는 생각으로 게으름을 피우는 경우 • 아직 체력이 남아 있음에도 '다른 팀원들이 해주겠지'라는 생각으로 수비를 소홀히 하는 경우

과정손실은 스포츠 종목에 따라 다르게 나타난다. 축구, 농구, 배구와 같은 상호작용 종목(interactive sports)은 팀플레이를 위하여 팀원 사이에 효과적이고 조직적인 플레이가 중요하기 때문에 조정손실이 쉽게 발생한다. 수영, 육상, 체조와 같은 공행종목(coactive sports)은 타인과의 협동과 상호작용 요구가 낮기 때문에 동기손실이 쉽게 발생한다.

> 줄다리기와 같은 단체운동을 할 때 집단이 내는 힘의 총합은 일반적으로 개인의 힘을 모두 합친 것보다 작다. 집단 규모(인원수)와 집단의 역량은 비례하지 않는다.

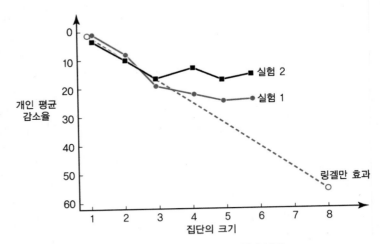

◉ 집단 크기에 따른 개인 수행의 변화

2. 링겔만 효과
(Ringelmann effect)
2021년 A 3번

실험 1	4인 이상의 집단에서는 단독 수행 대비 78%의 힘을 발휘하였다.
실험 2	연구 참여자의 눈을 가린 후 실험 조교를 집단의 동료인 것처럼 착각하게 만들었고 실험 조교는 줄을 당기는 시늉만 하였는데, 연구결과 연구 참여자 모두에게서 개인 수행 손실이 확인되었다. 이를 통해 집단의 크기가 증가할 때 발생되는 개인 수행의 손실은 동기손실이라고 결론을 내렸다.

(1) 개념

> 사회적 태만이란 집단에서 발생하는 동기손실을 의미한다.
> (Latane, Williams, & Harkins, 1979)

(2) 발생 조건

> • 개인 노력의 개별적인 평가가 어려울 때
> • 과제의 의미가 낮을 때
> • 자신의 과제 관여도가 낮을 때
> • 집단의 기준이 명확하지 않을 때
> • 집단 구성원을 잘 모를 때
> • 동료와 집단 구성원들의 능력을 높게 인식할 때
> • 자신의 노력이 중복된다고 인식할 때
> • 상대 집단과의 경쟁이 쉽다고 느껴질 때

(3) 사회적 태만 현상 발생 전략(Harkins, Latane, Williams, 1980)

3. 사회적 태만
(social loafing)
2005년 14번 /
2021년 A 3번

할당 전략 (allocation strategy)	단독 수행에서 최선의 노력을 다하기 위하여 집단의 과제를 수행할 때에는 에너지를 절약한다. 단독 수행이 집단 수행보다 중요하게 여겨질 때 발생한다.	"슈팅 기회가 올 때만 집중하고, 지금 수비할 때는 체력을 아껴놔야지."
최소화 전략 (minimizing strategy)	최소의 노력으로 일을 성취하려고 하는 동기를 말한다. 집단 수행에서는 개인의 책임이 분산되기 때문에 태만해진다.	"이런 팀은 80% 정도로만 뛰어도 이길 수 있겠지?"
무임승차 전략 (free rider strategy)	집단 상황에서 자신은 노력하지 않은 채 집단 내 다른 구성원들의 노력에 편승하여 혜택을 누리려고 한다.	"내가 대충 뛰어도, 우리 팀원들이 워낙 잘하니까, 어떻게든 되겠지."
반무임승차 전략 (sucker effect)	다른 구성원이 무임승차 혜택을 받는 것을 원하지 않기 때문에 자신도 똑같이 노력을 하지 않는다.	"내가 아무리 열심히 뛰어도 다들 나만큼 열심히 뛰지도 않겠지... 나도 대충 뛰어야겠다."

> 집단 수행에서 발생하는 동기손실을 예방하려면 개인 수행의 확인 (identifiability)이 필수적이다. 집단 내에서 개인이 얼마나 노력했는지가 확인되지 않으면 사회적 태만이 발생되어 수행 감소로 이어진다. 집단 내 개인의 숨은 노력을 인정하고, 기록하며, 개인에게 알려주거나 자신의 노력이 집단 성취에 중대한 공헌을 한다고 인식할 수 있게 해야 한다.

3. 사회적 태만
(social loafing)
2005년 14번 /
2021년 A 3번

(4) 사회적 태만 극복 전략(Weinberg & Gould, 2015)

개인의 노력 확인	집단 내 구성원이 집단의 성취를 위해 얼마나 노력을 투입했는지 확인할 수 있다면 사회적 태만은 줄어든다.
개인의 공헌 강조	성원 모두가 자신의 역할에 대해 중요하게 생각하고 책임질 수 있어야 한다. 지도자는 농구 스크린플레이같이 기록으로 남지는 않지만 팀을 위해 플레이하는 선수의 숨은 노력을 인정해야 한다.
사회적 태만 허용 상황 규정	고강도의 훈련이 지속되면 선수의 체력과 정신력은 모두 고갈되어 한계에 부딪칠 수 있다. 따라서 지도자는 훈련의 강도를 조절하거나 선수들이 즐겁게 훈련할 수 있는 환경을 조성하여 과도한 사회적 태만을 방지하고, 최상의 팀 전력을 유지하도록 노력해야 한다.
선수와 대화	사회적 태만을 보인다고 판단되는 선수와 개별 면담을 진행하여, 그 선수의 상황을 면밀히 검토하여 이해하려는 자세가 필요하다.
소집단 구성	소집단을 구성하면, 소집단 내 구성원들의 책임감이 더 높아지고 서로를 더 잘 이해하며 뭉치게 된다. 지도자는 각 소집단(예 축구의 공격수, 수비수, 미드필더, 골키퍼)을 모니터링해서 소집단의 자긍심, 응집력, 노력, 헌신 등을 강화하도록 한다.
포지션 변경	선수들은 자신의 역할뿐만 아니라 팀원의 역할을 이해할 필요가 있다. 서로 다른 포지션에서 뛰어 본다면 팀원 각자의 고충을 쉽게 이해할 수 있게 된다.
긍정적 귀인	패배와 실패가 계속되면 자신의 무능력으로 귀인을 하게 되고, 쉽게 수행을 포기하거나 사회적 태만으로 이어지게 된다. 패배 이후에 내적이고, 통제 가능하고, 불안정적인 요인(예 노력의 부족)으로 귀인을 해야 회복하는 데 좋다.

03 응집력 2025년 B 8번

응집력이란 한 집단이 집단의 수단적 목적 또는 구성원의 감정적 충족을 위해 서로 결속하고 단결된 상태로 남으려는 경향이 반영된 역동적인 과정이다.

1. 응집력 모형(Carron, Widmeyer)

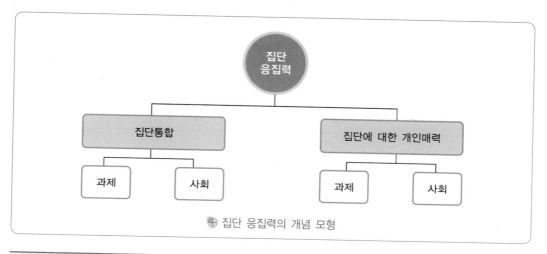

◉ 집단 응집력의 개념 모형

요인	개념
집단 차원	집단 전체가 공동체 의식을 가지고 집단목표를 실현하기 위해서 협동하는 정도
개인 차원	집단에 대한 개인적인 인식을 지닌 선수가 집단에 대해 느끼는 개인적인 관심, 매력, 동기의 수준
과제 응집력	구성원이 과제를 성취하기 위해 연대하는 정도
사회 응집력	구성원이 함께 어울려 지내는 인간(사회)관계의 정도

응집력	사례
집단 통합-과제	목표 달성을 위해 구성원 전체가 결속력을 발휘하고 노력하는 것 예 '우리 팀은 승리를 위해 함께 노력한다.'
집단 통합-사회	팀 전체적으로 유대관계를 위해 노력하는 것 예 '우리 팀 선수들은 경기장 밖에서도 자주 모임을 갖는다.'
집단에 대한 개인 매력-과제	선수가 팀의 과제목표, 개인의 역할, 팀의 전략, 훈련 등을 긍정적으로 인식하고 수용하는 것 예 '나는 우리 팀 훈련 스케줄이 마음에 든다.'
집단에 대한 개인 매력-사회	개인이 팀원에 대해 느끼는 동료애, 우정, 상호 존경, 대인 매력 등 예 '나와 가장 친한 친구가 같은 팀이라 좋다.'

2. 응집력 개념 모형(Carron)

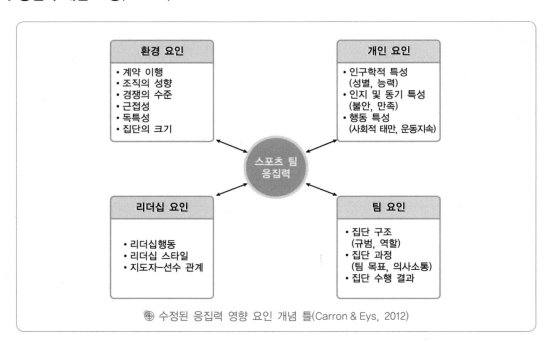

◉ 수정된 응집력 영향 요인 개념 틀(Carron & Eys, 2012)

(I) 환경 요인	**계약 의무**	프로팀과 운동 동호회의 결정적인 차이는 계약 의무이다. 운동 동호회 회원들과는 달리 프로스포츠에서는 팀과 선수 모두 계약이행의 의무를 지닌다. 새롭게 팀에 이적한 선수는 새로운 팀 문화에 맞춰 행동하고 팀의 일원이 되어 헌신할 것을 요구받는다.
	조직의 성향	조직의 성향에 따라 구성원들에게 필요한 응집력이 과제 응집력이 될 수도 있고 사회 응집력이 될 수도 있다. 대부분의 프로스포츠 팀에서는 과제 응집력의 중요성이 높다. 경쟁의 수준에 따라서 과제 응집력과 사회 응집력의 중요도가 다르게 나타난다. 경쟁의 수준이 높아질수록 과제 응집력의 중요도가 올라가는 경향을 보인다.
	근접성	근접성은 공간적·물리적으로 가깝게 지내면 지낼수록 상호작용과 의사소통의 기회가 향상되어서 응집력이 향상되는 것을 의미한다. 같은 동네에 살거나, 같이 재활센터를 다니는 것을 말한다.
	독특성	독특성은 다른 집단과 구별되는 고유의 특징을 말한다. 팀의 전통과 역사 팀 유니폼, 팀 정신, 팀에 소속됨으로써 받게 되는 특별한 혜택 등이 여기에 포함된다. 다른 집단과 구별되는 특징이 분명할수록 구성원들의 결속력이 높아진다.
	집단 크기	링겔만 효과와 같이, 집단 크기는 구성원들의 동기와 응집력에 영향을 미친다. 따라서 집단의 크기가 커질수록 조직 관리를 위한 집단 규범의 필요성이 높아진다.

(2) 개인 요인	인구학적 특성	인구학적 특성에는 성, 사회적 배경, 개인 능력 등이 포함된다. 구성원의 인구학적 특성이 유사할수록 응집력이 높아지는 경향이 있다.	
	인지 및 동기 요인	인지 및 동기 요인으로는 참가동기 및 지속동기, 태도, 헌신도, 열정, 경쟁불안, 만족 등이 있다. 과제 응집력을 높게 인식하는 선수일수록 신체불안과 인지불안이 낮다(Oh & Gill, 2017). 또한 응집력이 높을수록 개인의 만족도가 높아지며, 개인의 만족도가 높을수록 응집력을 높게 인식한다(Widmeyer & Williams, 1991).	
	개인의 행동 특성	개인의 행동 특성에는 사회적 태만과 운동지속이 포함된다. 응집력이 높은 선수들은 다른 팀원들이 사회적 태만을 보인다고 생각하지 않으며 자신도 게으름을 피우지 않는다. 응집력이 높을수록 선수들은 팀을 위해서 희생적인 모습을 보이려고 한다(Carron & Eys, 2012).	
(3) 리더십 요인	리더십행동	리더십행동에 따라 선수들이 인식하는 응집력이 달라진다. 지도를 잘 해주고 긍정적인 피드백을 많이 하는 지도자로부터 배우는 선수들은 응집력이 높다. 특히, 팀 목표, 팀 과제, 팀 내 역할에 대한 일관적이고 명확한 의사소통은 팀 응집력에 긍정적인 영향을 미친다. 선수에게 창피주기, 조롱, 편애 등의 부정적 리더십행동은 응집력을 낮춘다.	
	리더십 스타일	리더십 스타일(예 의사결정 방식) 역시 중요하다. 민주적 의사결정을 실천하면 응집력이 향상되며, 독재적 의사결정을 실천하면 응집력이 낮아진다(Westre & Weiss, 1991). 예를 들면, 훈련 방식, 팀 정신, 팀 규율을 정할 때 선수의 의견을 반영하고 선수들이 스스로 정한 규칙을 지키도록 유도하면 팀의 응집력이 향상된다. 또한, 지도자와 선수 사이의 화합 정도가 높으면 응집력도 높아진다.	

집단 구조	개인 및 단체 종목의 여부, 팀 내 역할, 규범, 팀 안정성
집단 과정	목표, 의사소통
집단 수행 결과	

(4) 팀 요인

역할	집단 내에서 부여받은 특정 과제 수행에 기대되는 임무 또는 행동을 지칭한다. 팀의 주장, 부주장, 스트라이커, 골키퍼와 같은 공식적 역할과 분위기메이커와 같은 비공식적 역할이 존재한다.

♡ 스포츠 팀 내 역할 요인(Eys, Burke, Dennis & Evans, 2015)

역할 명료성	개별적인 역할과 책임에 대해서 명확하게 이해가 되는 정도
역할 수용	개별적인 역할과 책임에 대해서 수용이 되는 정도
역할 효능감	개별적인 역할과 책임을 잘 해낼 수 있다는 효능감
역할 갈등	다른 구성원의 역할에 대한 잘못된 기대
역할 과부하	너무 많은 역할과 책임으로 인한 순차적 수행 불가
역할 만족	개별적인 역할과 책임에 만족하는 정도
역할 수행	개별적인 역할과 책임에 대한 행동

집단 규범	집단 내 구성원에게 기대되는 행동의 표준을 의미한다. 집단에서 합의한 수용 가능하고 적합하고 가치 있는 행동과 관계된다. 집단 규범은 공식적인 규칙이 아닌 암묵적으로 지켜야 할 집단 내 가치 판단의 기준 및 행동양식이다. 제 시간에 도착하기, 자기 관리하기, 적극적 자세로 훈련하기 등이 포함된다. 집단 규범은 집단 구성원에 의해 받아들여져야 하며, 지도자와 선수 모두 공통적인 인식이 필요하다. 긍정적인 규범을 정하되 상황에 따라 선수들과 의사소통을 통해서 집단 규범을 적절하게 수정할 필요가 있다.
집단 과정	과제와 사회 관련 의사소통이 많아질수록 응집력이 향상되며, 높은 응집력을 가진 팀은 풍부한 의사소통을 한다. 또한 연승이나 연패와 같은 수행의 결과를 팀원들과 함께 경험하는 것도 응집력에 결정적인 영향을 준다.

3. 팀 빌딩

팀 빌딩은 과제목표와 사회목표 성취를 위해 팀을 개선시키는 활동으로 집단의 수행을 높이고, 구성원들의 요구를 충족시켜주며 작업조건을 개선하는 방법이다.

(1) 팀 빌딩 이론 및 모형	① Carron 모형

① Carron 모형

4단계	특징
소개	스포츠심리전문가가 팀 빌딩과 응집력의 효과에 관한 기본적인 내용을 설명한다. 응집력 향상이 주는 혜택을 강조한다.
개념	집단 역학의 주요 개념에 대한 이해를 돕고, 응집력을 높이기 위한 여러 요인을 함께 검토한다.
연습	지도자와 선수가 함께 참여하여 브레인스토밍을 통해 팀의 현 상황에 맞는 맞춤형 팀 빌딩 전략을 개발한다.
중재	지도자가 개발된 팀 빌딩 전략을 선수나 운동 참여자에게 적용한다. 개발된 전략들이 잘 활용되고 있는지 주 단위로 지속적인 관찰을 한다.

◈ 팀 빌딩의 개념 모형(Carron & Spink, 1993)

♡ 응집력 향상을 위한 각 영역별 팀 빌딩 전략 예시

범주	요인	전략
집단 환경	함께함 (togetherness)	동료와 함께 카풀해서 훈련장에 출근
	독특성	팀 로고가 새겨진 유니폼 제공, 팀의 방향성 공유, 팀의 역사와 전통 강조
집단 구조	역할 명료성과 역할 수용	구체적으로 개인 포지션과 역할에 관한 주간 회의
	리더십	팀의 주장·부주장과 팀 관련 사안에 대해 대책 회의
	집단 규범	집단 규범 준수를 위한 공통적인 인식과 헌신 요구
집단 과정	상호 협동	동료 간에 기술적·전술적 조언 장려
	개인 희생	팀의 주장이나 베테랑이 신입 선수가 팀에 잘 적응할 수 있도록 도움
	목표와 목적	팀 과정, 수행력, 결과 목표설정을 위한 팀 전체 주간 회의

(1) 팀 빌딩 이론 및 모형

② 가치 중심 모형(Crace & Hardy, 1997)

> 가치 중심 모형은 개인과 팀의 가치와 특성을 인식하고 상호 존중과 응집력 향상을 목적으로 한다. 이때, 가치와 신념은 행동에 영향을 주는 덕목으로 행동을 평가하는 기준이 된다. 이 모형에서는 선수와 지도자가 팀 빌딩 중재에 관한 이론과 원리를 배운 다음, 시즌 동안 행동에 대한 지침이 되는 중요한 신념이 무엇인지에 대해 토론한다. 토론은 조별로 진행되며, 각 조에는 리더를 지정하여 토론을 이끌도록 한다. 20분 정도의 토론을 마치고 조별 리더는 조에서 가장 중요한 신념 3~4개를 발표한다. 이어지는 종합 토론에 조별로 제안된 여러 신념에 대해 순위를 부여한다.

③ 자기 공개-상호 공유(personal disclosure-mutual sharing, PDMS) 모형

> 팀원의 상호 이해(mutual understanding)를 팀 빌딩 과정의 초석으로 생각한 PDMS 모형에서는 각자가 팀원이 잘 모르고 있는 개인적인 이슈나 정보를 솔직하게 공개한다. 이 과정을 통해 팀 구성원이 갖고 있는 가치, 신념, 태도, 개인적 동기를 더 잘 이해할 수 있게 된다. 개인적 이해의 향상은 의사소통을 촉진시켜 팀 응집력과 수행에 도움이 된다.

	① 팀 빌딩 중재 이론의 공통 전략	

	요인	전략
(2) 팀 빌딩 전략 및 가이드	독특성	티셔츠, 로고, 팀 명칭, 팀 구호 등 다른 팀과 구별되는 독특한 상징을 갖춘다. 팀의 전통과 역사를 강조한다.
	개인 위치	팀원의 역할을 분명하게 정한 팀 구조를 만든다. 운동 회원의 실력에 따라 고급, 중급, 초급으로 운동 공간을 구분한다.
	집단 규범	팀 규칙을 준수하는 것이 팀 단합에 기여함을 알려준다. 개인의 공헌이 팀의 성공에 어떻게 기여하는지 설명한다.
	개인 희생	팀에서 중요한 역할을 하는 선수가 팀을 위해 희생하는 것을 권장한다. 후배를 위해 양보하고 신입 회원을 안내해 준다.
	상호작용과 의사소통	선수의 의견을 반영할 기회를 만든다. 동료에게 조언과 격려를 하도록 상호 신뢰와 존중의 분위기를 만든다.

② 응집력 향상을 위한 팀 빌딩 지침(Weinberg & Gould, 2015)

주체	역할
지도자	• 팀 구성원들이 솔직하게 자신의 생각과 감정을 표현할 수 있도록 편안한 환경을 조성한다. • 팀의 하위 단위(예 수비수, 공격수, 신입생)별로 긍지와 자부심을 길러준다. • 약간 어렵지만 달성 가능한 팀 목표와 개인목표를 설정하도록 돕는다. • 다른 팀과 구별되는 특별한 느낌을 갖도록 팀의 고유한 정체성을 찾는다(예 유니폼, 사교 모임). • 학연, 지연, 학년 등을 바탕으로 파벌이 만들어지지 않도록 주의한다. • 선수들 사이의 친밀한 분위기를 해치지 않도록 한번에 다수의 선수 이적이나 방출을 피한다. 선수 이적이 불가피할 경우 베테랑 선수에게 팀 분위기를 잡아주도록 부탁한다. • 팀 내의 갈등을 해소하기 위해 시즌 내내 정기적인 팀 미팅을 갖는다. • 팀 효능감(team efficacy)을 높이기 위해 팀 구성원 각자의 노력과 팀원의 협동을 강조하는 훈련을 시즌 초반에 완성시킨다. • 팀 분위기를 주도하는 공식적·비공식적 리더는 선수와 지도자 간 의사소통의 주요 역할을 담당하므로 팀의 리더들과 긴밀한 관계를 유지한다. • 개방적으로 자기 생각을 표현하고 중요하게 생각하는 가치를 팀원들과 공유함으로써 상호간의 존중과 신뢰, 응집력을 향상시킨다.
구성원	• 팀 구성원, 특히 새로운 팀원을 이해하기 위해서 힘쓴다. • 대소사를 구별하지 말고 팀원들의 일을 함께 도와서 처리한다. 서로 도와주면 팀 정신(team spirit)이 좋아지고 서로 친해지는 계기가 마련된다. • 팀원 간에 비난보다는 칭찬과 격려를 많이 해준다. • 실수에 대해 팀원을 탓하지 말고 책임감을 갖고 쇄신의 기회로 여긴다. • 지도자·팀 리더와 솔직하게 의사소통한다. • 갈등은 즉각적으로 해결한다. 문제해결을 위해 즉각적으로 반응하여, 나중에 일이 커지지 않도록 미연에 방지한다. • 시합뿐만 아니라 연습할 때도 100% 노력하는 모습을 보여 헌신과 전념의 모범이 되도록 한다.

(2) 팀 빌딩 전략 및 가이드

권운성 ZOOM 전공체육

스포츠심리학

운동심리학

Section 01 **운동실천 이론** 공청회 13번

01 베커(Becker)의 건강신념 모형

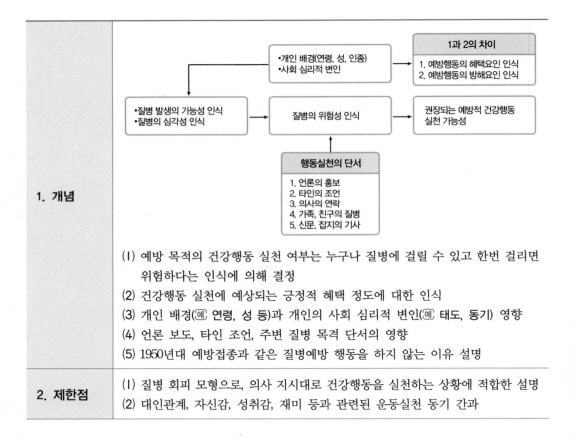

1. 개념	(1) 예방 목적의 건강행동 실천 여부는 누구나 질병에 걸릴 수 있고 한번 걸리면 위험하다는 인식에 의해 결정 (2) 건강행동 실천에 예상되는 긍정적 혜택 정도에 대한 인식 (3) 개인 배경(예 연령, 성 등)과 개인의 사회 심리적 변인(예 태도, 동기) 영향 (4) 언론 보도, 타인 조언, 주변 질병 목격 단서의 영향 (5) 1950년대 예방접종과 같은 질병예방 행동을 하지 않는 이유 설명
2. 제한점	(1) 질병 회피 모형으로, 의사 지시대로 건강행동을 실천하는 상황에 적합한 설명 (2) 대인관계, 자신감, 성취감, 재미 등과 관련된 운동실천 동기 간과

		개념	응용
3. 주요 구성요소	질병 발생 가능성 인식	• 질병에 걸릴 가능성에 대한 개인 견해	• 위험에 노출된 사람 파악, 개 인별 위험도 파악
	심각성 인식	• 질병 상태와 심각성에 대한 개인 견해	• 질병의 위험성과 결과 제시
	혜택 인식	• 실천한 행동 효과에 대한 개 인 견해	• 행동실천 시기, 장소, 유형 확정 • 운동실천의 긍정적 효과에 대 한 구체적 설명
	방해 인식	• 행동 실천에 따르는 물리적, 심리적 비용에 대한 개인 견해	• 방해요인을 찾아내서 안심시 키기 • 인센티브 부여 • 도움주기
	행위 단서	• 준비에서 실천으로 가기 위한 전략	• 실천 방법에 관한 정보 제공 과 각성 촉구
	자신감	• 행동을 실천할 수 있는 능력에 대한 자신감	• 행동 실천 안내

02 방어동기 이론

1. 개념	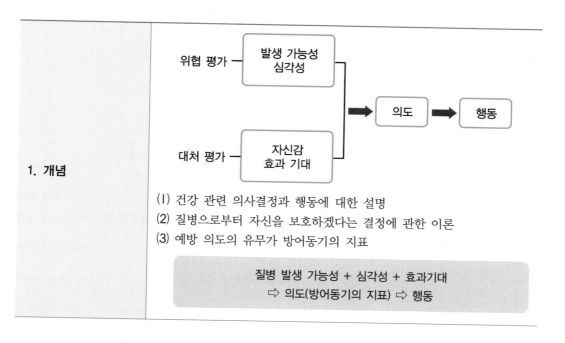 (1) 건강 관련 의사결정과 행동에 대한 설명 (2) 질병으로부터 자신을 보호하겠다는 결정에 관한 이론 (3) 예방 의도의 유무가 방어동기의 지표 질병 발생 가능성 + 심각성 + 효과기대 ⇨ 의도(방어동기의 지표) ⇨ 행동

		개념	구성요소
2. 행동 결정의 인지적 영향 요인	위협 평가	• 건강을 해치는 행동을 하는 데 영향을 주는 요인에 대한 평가	• 질병 가능성 인식 • 심각성 인식
	대처 평가	• 예방행동 실천에 영향을 주는 요인에 대한 평가	• 효과 기대(권장 사항을 따르면 위험을 없앨 수 있다는 개인 기대) • 자신감(권장되는 대처행동이나 전략으로 실천할 수 있는 능력에 대한 스스로의 믿음)
3. 건강신념 이론과 방어동기 이론의 공통점	(1) 심각성 인식 (2) 인지적 요인 강조 (3) 건강 증진보다 위험 회피 설명		

03 피쉬바인(Fishbein)과 아이젠(Aizen)의 합리적 행동 이론

1. 개념	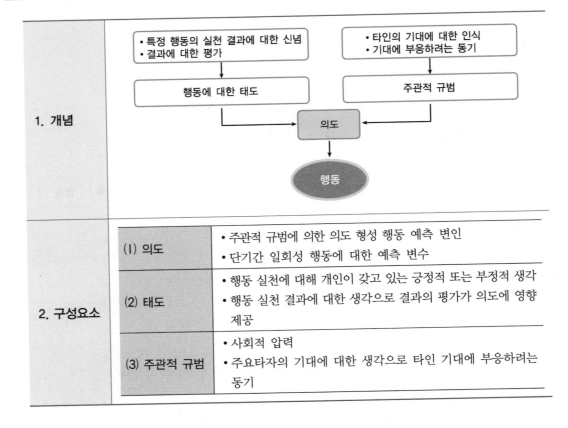
2. 구성요소	**(1) 의도** • 주관적 규범에 의한 의도 형성 행동 예측 변인 • 단기간 일회성 행동에 대한 예측 변수 **(2) 태도** • 행동 실천에 대해 개인이 갖고 있는 긍정적 또는 부정적 생각 • 행동 실천 결과에 대한 생각으로 결과의 평가가 의도에 영향 제공 **(3) 주관적 규범** • 사회적 압력 • 주요타자의 기대에 대한 생각으로 타인 기대에 부응하려는 동기

04 아이젠(Aizen)의 계획행동 이론 2019년 B 6번 / 2023년 B 8번

1. 개념	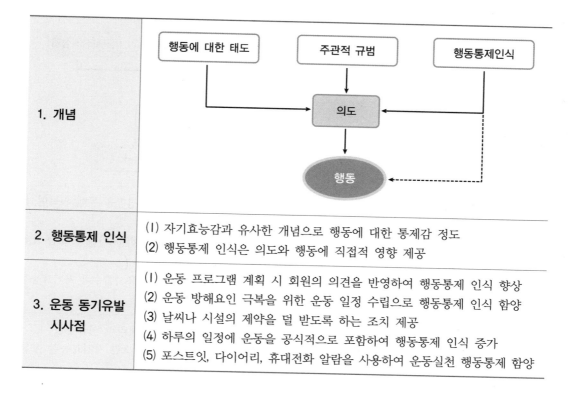
2. 행동통제 인식	(1) 자기효능감과 유사한 개념으로 행동에 대한 통제감 정도 (2) 행동통제 인식은 의도와 행동에 직접적 영향 제공
3. 운동 동기유발 시사점	(1) 운동 프로그램 계획 시 회원의 의견을 반영하여 행동통제 인식 향상 (2) 운동 방해요인 극복을 위한 운동 일정 수립으로 행동통제 인식 함양 (3) 날씨나 시설의 제약을 덜 받도록 하는 조치 제공 (4) 하루의 일정에 운동을 공식적으로 포함하여 행동통제 인식 증가 (5) 포스트잇, 다이어리, 휴대전화 알람을 사용하여 운동실천 행동통제 함양

05 자기효능감 이론 2003년 9번 / 2007년 12번 / 2012년 14번 / 2017년 A 13번 / 2020년 A 12번

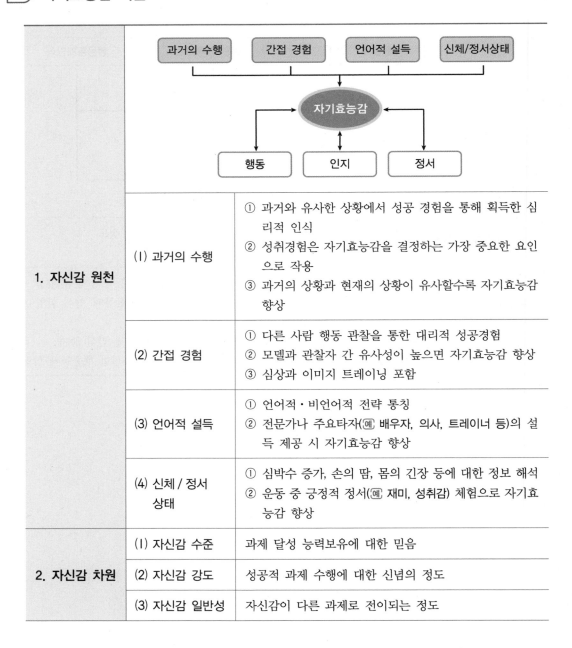

1. 자신감 원천	(1) 과거의 수행	① 과거와 유사한 상황에서 성공 경험을 통해 획득한 심리적 인식 ② 성취경험은 자기효능감을 결정하는 가장 중요한 요인으로 작용 ③ 과거의 상황과 현재의 상황이 유사할수록 자기효능감 향상
	(2) 간접 경험	① 다른 사람 행동 관찰을 통한 대리적 성공경험 ② 모델과 관찰자 간 유사성이 높으면 자기효능감 향상 ③ 심상과 이미지 트레이닝 포함
	(3) 언어적 설득	① 언어적·비언어적 전략 통칭 ② 전문가나 주요타자(예 배우자, 의사, 트레이너 등)의 설득 제공 시 자기효능감 향상
	(4) 신체 / 정서 상태	① 심박수 증가, 손의 땀, 몸의 긴장 등에 대한 정보 해석 ② 운동 중 긍정적 정서(예 재미, 성취감) 체험으로 자기효능감 향상
2. 자신감 차원	(1) 자신감 수준	과제 달성 능력보유에 대한 믿음
	(2) 자신감 강도	성공적 과제 수행에 대한 신념의 정도
	(3) 자신감 일반성	자신감이 다른 과제로 전이되는 정도

3. 자신감 측정 범주	(1) 운동 자신감 (2) 방해 극복 자신감 (3) 질병 예방 자신감 (4) 행동 통제 인식	

	구분	세부 전략
4. 자기효능감 향상 전략	과거의 수행	• 유산소 운동: 트레드밀의 속도, 경사도, 지속시간 점진적 증가 • 웨이트 트레이닝: 부하, 반복 횟수, 세트 수 점진적 증가 • 일상생활: 가까운 거리 걷기, 엘리베이터 대신 계단 이용하기
	간접 경험	• 비디오테이프: 유사성 높은 모델의 성공 장면 보여주기 • 시범: 전문가·지도자의 시범 자주 보여주기 • 관찰: 잘하는 동료의 동작 관찰하기 • 협동: 조별 과제 수행에 협동하기
	언어적 설득	• 오리엔테이션: 새로운 회원에게 정보 제공하기 • 멀티미디어: 건강 관련 멀티미디어 자료 제공하기 • 책자: 신문이나 잡지 기사, 책자, 팸플릿 제공하기 • 사회적 지지: 멘토 시스템, 단체 사교활동으로 지원망 갖추기 • 전화: 자주 결석한 회원에게 출석 권유 전화하기 • 게시판: 운동 관련 자료로 게시판이나 소식지 만들기
	신체/정서 상태	• 심박수: 운동 강도에 따른 심박수 증가를 긍정적으로 해석하기 • 땀, 근육통: 운동 강도와 관련시켜 긍정적으로 해석하기 • 피로: 성취감, 즐거움으로 해석하기

06 자결성 이론 2012년 2차 2번 / 2016년 A 12번

1. 자결성 수준	외적 동기			내적 동기		
	무동기 / 외적 규제 / 의무감 규제 / 확인 규제			지식 습득 / 과제 성취 / 감각 체험		
	자결성 낮다 ←————————————→ 자결성 높다					

2. 자결성과 3가지 형태의 동기	(1) 무동기		동기가 없는 상태로 행동 의도가 없는 상태 운동이나 체육에 관심이 없다.
	(2) 외적 동기	① 외적 규제	• 외적 보상을 받고자 하거나 처벌을 피하기 위한 행동 • 외부 압력 때문에 운동을 하거나 보상을 바라는 운동실천 체육은 필수과목이니까 참여한다.
		② 의무감 규제	• 자기 스스로 압력을 느껴서 하는 운동실천 • 운동을 하지 않을 때 겪는 죄책감이 운동의 동인으로 작용 남들 앞에서 운동을 못하면 창피하니까 참가한다.
		③ 확인 규제	• 개인이 설정한 목표 증진을 위한 운동실천 • 건강 증진, 외모 개선 등과 같은 운동 외적 결과 목표설정 남들보다 건강한 삶을 살고 싶어서 참가한다.
	(3) 내적 동기		① 운동 그 자체가 좋아서 하는 내적 만족으로 운동실천 ② 지식습득, 과제성취, 감각체험을 목적으로 하는 운동실천 새로운 운동기술을 배우는 것이 재미있어서 참가한다.

02

2. 자결성과 3가지 형태의 동기	🔘 스포츠동기 척도(SMS)의 7개 하위요인 표본문항	
	이 스포츠를 하는 이유는 무엇입니까?	
	지식획득 내적 동기	이 스포츠에 대해 더 많은 것을 배우는 것이 좋아서
	성취도전 내적 동기	어려운 훈련을 완벽하게 숙달하면서 만족감을 느끼기 때문에
	자극체험 내적 동기	어떤 동작에 몰입되는 듯한 느낌을 좋아하기 때문에
	확인 규제	주변 사람들이 나를 좋게 평가해 주기 때문에
	내적 규제	운동하는 데 시간을 보내지 않으면 기분이 나빠지므로
	외적 규제	사람을 사귀는 가장 좋은 방법 중의 하나이므로
	무동기	잘 모르겠다. 스포츠를 잘할 수 있을 것 같지 않다.

3. 내적 동기와 외적 동기 결정 요인

운동 이유		심리적 매개변인		동기		결과
외모 체력 체중 줄이기 즐거움	➡	유능감 자율성 관계성	➡	무동기 내적 동기 외적 동기	➡	활동 지속참가 정서 등

07 개인투자 이론

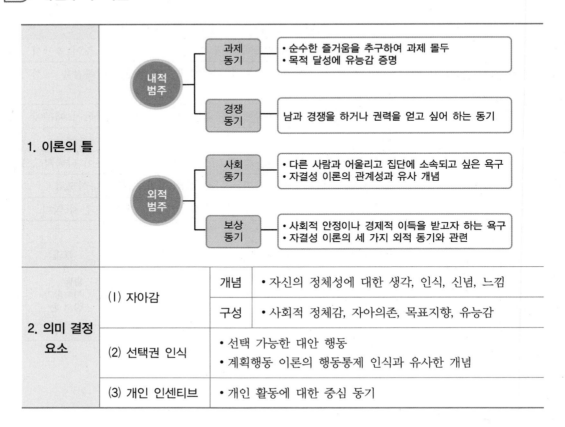

1. 이론의 틀	내적 범주	과제 동기	• 순수한 즐거움을 추구하여 과제 몰두 • 목적 달성에 유능감 증명
		경쟁 동기	남과 경쟁을 하거나 권력을 얻고 싶어 하는 동기
	외적 범주	사회 동기	• 다른 사람과 어울리고 집단에 소속되고 싶은 욕구 • 자결성 이론의 관계성과 유사 개념
		보상 동기	• 사회적 안정이나 경제적 이득을 받고자 하는 욕구 • 자결성 이론의 세 가지 외적 동기와 관련

2. 의미 결정 요소	(1) 자아감	개념	• 자신의 정체성에 대한 생각, 인식, 신념, 느낌
		구성	• 사회적 정체감, 자아의존, 목표지향, 유능감
	(2) 선택권 인식		• 선택 가능한 대안 행동 • 계획행동 이론의 행동통제 인식과 유사한 개념
	(3) 개인 인센티브		• 개인 활동에 대한 중심 동기

Section 02 통합 이론

01 변화단계 이론 공청회 13번 / 2010년 22번 / 2014년 A 9번 / 2017년 A 13번 / 2024년 A 10번

1. 개념

(1) 비선형적 행동 변화 과정에 대한 가정

(2) 다음 단계로 옮겨가기 위해서는 반드시 정해진 과제 달성이 요구됨

2. 행동 변화의 3요인

(1) 자기효능감	① 무관심 단계일 때 가장 낮으며 유지 단계에서 가장 높음 ② 무관심 단계부터 단계가 높아짐에 따라 자기효능감도 향상됨
(2) 의사결정 균형	 ◉ 의사결정 균형 ① 원하는 행동을 했을 때 기대되는 혜택과 손실에 대한 평가 ② 단계가 높아짐에 따라 혜택 인식은 증가하고 손실 인식은 감소 ③ 무관심 단계와 관심 단계에서는 혜택보다 손실을 더 많이 인식하고 준비 단계에서는 혜택과 손실을 같거나 혜택이 높다고 평가함

① 체험적(인지적) 변화과정(Weinberg & Gould, 2023)
운동에 대한 태도, 생각, 느낌의 전환 도모

인지적 변화과정(5가지)	신체활동에 적용하는 처치 전략의 예
의식 고양 (conscious raising)	• 신체활동에 대해 생각 • 관련 서적 및 정보를 읽도록 권장
극적 완화 (dramatic relief)	• 신체활동을 하지 않는 것이 건강에 매우 좋지 않다는 것을 일깨워 주는 것
자기 재평가 (self-reevaluation)	• 신체적으로 활동적인 생활 습관이 이롭다는 점을 이해하게 함
환경 재평가 (environmental reevaluation)	• 운동을 하지 않는 것이 주변 사람들에게 어떤 영향을 미치는지를 인식하게 함
사회적 해방 (social-liberation)	• 활발한 신체활동을 할 기회의 자각을 증가시키는 것

② 행동적 변화과정(Weinberg & Gould, 2023)
환경 변화를 유도하여 행동실천 안내

(3) 변화과정

행동적 변화과정	신체활동에 적용하는 처치 전략의 예
반대 조건화(counter-conditioning) : 부정적인 행동을 긍정적 행동으로 대체하는 것	피곤하거나 과도한 스트레스를 겪고 있을 때 신체활동을 하도록 격려하는 것
자극조절(stimulus control) : 부정적 행동에 대한 단서의 제거 또는 바람직한 행동의 단서를 추가하는 것	언제라도 신체활동을 할 수 있도록 운동화나 운동복 등을 준비해 두는 것
강화관리(reinforcement management) : 긍정적 행동에 대한 보상은 증가시키고 부정적 행동에 대한 보상은 감소시키는 것	규칙적으로 신체활동에 참여했을 때 자신을 칭찬하거나 보상하는 것
지지적 조력 관계(helping relationship) : 바람직한 행동 변화를 위한 사회적 지지의 기반을 찾는 것	활동적인 생활 습관을 유지하는 데 도움을 줄 수 있는 가족이나 친구를 구하는 것
자기해방(welf-liberation) : 사회적 규범들이 올바른 행동 변화를 지지하고 있다는 것을 인식하는 것	신체활동을 꾸준히 할 수 있도록 결심하거나 계획을 세우는 것

02

단계	세부 정의	의사결정 균형
무관심	현재 운동을 하지 않고 있으며 6개월 이내에 운동을 시작할 의도가 없다. 운동과 관련된 행동 변화의 필요성을 거부한다.	혜택 < 손실
관심	현재 운동을 하지 않고 있지만 6개월 이내에 운동을 시작할 의도를 갖고 있다.	혜택 ≦ 손실
준비	현재 운동을 하고 있지만 가이드라인(대개 주당 3회 이상, 1회 20분 이상 기준)을 채우지 못하는 수준이다. 30일 이내에 가이드라인을 충족하는 수준으로 운동을 시작할 생각이 있다.	혜택 ≧ 손실
실천	가이드라인을 충족하는 수준의 운동을 해 왔는데 아직 6개월 미만이다. 운동 동기가 충분하고 운동에 투자도 많이 했다. 운동으로 인한 손실보다는 혜택을 더 많이 인식한다. 가장 불안정한 단계로 하위 단계로 내려갈 위험성이 가장 높다.	혜택 > 손실
유지	가이드라인을 충족하는 수준의 운동을 6개월 이상 해 왔다. 운동이 안정 상태에 접어들었으며 하위 단계로 내려갈 가능성은 낮다.	혜택 > 손실

행동 변화의 단계	정의	중재 전략
(1) 무관심 (계획 전)	① 현재 운동을 하고 있지 않으며 앞으로 6개월 내에도 운동을 할 어떠한 의도나 의지를 갖고 있지 않은 단계 ② 어떤 이유에서도 행동실천 의지가 없는 단계 ③ 운동의 가치를 못 느끼거나 가치는 인정하지만 시간 부족 등의 방해 요소로 실천의지가 없는 단계	• 운동에 따른 혜택 정보 제공 • 소책자, 비디오, 상담 등 이용 • 혜택과 손실 기록
(2) 관심 (계획)	① 현재 운동은 하고 있지 않으나 앞으로 6개월 내에 운동을 할 의도나 의지를 가지고 있는 단계 ② 일반적으로 행동 변화에 따른 손익을 잘 알고 있기 때문에 변화의 필요성을 자각하는 단계 ③ 관심만 가지고 행동은 하지 않는 단계	• 운동 이득에 대한 구체적 이해 제공 • 실천하지 못할 때의 해결책 강구 • 하루 일과에 운동시간 포함 • 과거에 잘 했거나 즐거움을 느꼈던 운동 연상과 재현 • 운동에 대해 도움을 줄 수 있는 사람으로부터 조언

(3) **준비**	① 현재 운동을 하고 있지 않으나 앞으로 1개월 내에 운동을 할 의도나 의지를 가지고 있는 단계 ② 운동화 구입, 동호회 가입과 일주일에 30분 정도 운동을 하는 단계	• 자기효능감 향상 전략 • 운동 시작의 실질적 도움 제공 • 헬스클럽 회비 제공, 일과 조정, 운동 장소 결정 등 제반 사항 고려 • 운동 동반자, 운동 목표설정, 달성 방법에 대한 계획 수립
(4) **실천** **(행동)**	① 6개월 미만의 기간 동안 운동을 실천하고 있는 단계 ② 중강도, 30분 이상의 운동을 주당 실천하고 있는 단계	• 이전의 단계로 후퇴하지 않도록 경계 계획 수립 • 운동실천 방해 요인 극복하는 방법 제시 • 목표설정과 운동 계약 기법 활용 • 스스로 격려, 연간 계획 수립, 주변의 지지 획득 방안 구축
(5) **유지**	① 현재 운동을 규칙적으로 하고 있으며 시작한 지 6개월이 지난 단계 ② 새로운 운동습관은 형성되었으나 지루함과 집중력 상실의 문제 내포	• 운동을 못 하게 되는 상황을 미리 파악하여 대비 계획 수립 • 일정 조정, 운동시간 확보, 자신감과 웰빙 느낌 높이기 • 다른 사람에게 운동 멘토 역할 수행
(6) **종결**	① 과거로 되돌아갈 가능성이 전혀 없는 단계 ② 5년 이상 운동실천을 유지한 단계	

02 사회생태학 이론

1. 개념	(1) 물리적 환경, 지역사회, 정부 차원 요인을 고려하여 운동실천 중재 (2) 안전하고 손쉽게 접근할 수 있는 환경 제공으로 운동실천 촉진
2. 이론의 적용	(1) 개인의 노력과 지역사회의 노력을 모두 고려하여 운동실천에 대한 설명 (2) 개인의 책임과 지역사회의 책임을 동시에 반영하여 중재 설계 요망

02 | 운동실천 촉진

Section 03 운동실천 요인 2010년 2차 3번

01 개인 요인

개인 요인	구성요소
개인 배경	• 연령, 성, 직업, 교육 수준, 건강상태
심리적 요인	• 운동 방해 요인, 자기효능감 • 태도와 의도, 재미, 신체 이미지 • 변화의 단계, 운동에 대한 지식
운동특성 요인	• 운동 강도, 운동 지속시간, 운동 경력

02 환경 요인

	풍부한 리더십	빈약한 리더십
1. 운동 지도자	• 회원 이름을 부른다. • 수업 전, 중, 후에 대화를 나눈다. • 좋은 행동을 구체적으로 칭찬한다. • 기술수행, 실수 전후에 격려한다. • 긍정적인 용어로 지도한다. • 구체적으로 지도한다. • 실수를 드러내지 않고, 운동이 끝나면 열심히 노력했고 잘했다고 칭찬한다.	• 회원의 이름을 부르지 않는다. • 수업 전, 중, 후에 대화가 없다. • 좋은 행동을 해도 칭찬을 하지 않는다. • 기술수행, 실수 후에 말이 없다. • 부정적인 용어로 지도한다. • 지도 내용이 구체적이지 않다. • 실수를 지적하고, 운동이 끝나도 열심히 노력했고 잘했다는 말이 없다.

◉ 집단 응집력 개념 모형

2. 운동 집단 (응집력)			
(1) 집단 응집력 측정	① 과제 측면		집단의 목표 달성과 운동 프로그램의 내용에 대해 얼마나 좋아하는가를 의미하는 것으로, 운동자체가 좋은 정도
	② 사회 측면		회원들 간 인간관계가 얼마나 좋은가를 나타내는 지표

구분			차원	예시
2. 운동 집단 (응집력)	(2) 구성	① 집단에 대한 매력 (개인 수준 인식)	과제 차원	나는 운동 프로그램의 강도에 대해 만족한다.
			사회 차원	나는 회원과 어울리는 것을 좋아한다.
		② 집단 통합 (전체 수준 인식)	과제 차원	우리 회원들은 운동에 필요한 준비를 할 때 서로 잘 돕는다.
			사회 차원	우리 회원들은 운동 중에 잘 어울린다.
3. 사회적 지지 (지지의 유형) – 윌즈와 시날 (Wills & Shinar)	(1) 도구적	실질적인 지지 제공 웨이트 트레이닝을 할 때 보조 역할, 운동 장소까지 태워다 주기, 베이비시터 역할하기 등		
	(2) 정서적	다른 사람을 격려하고 걱정하는 과정에서 발생 노력에 칭찬과 격려를 해주고 어려움을 호소할 때 같이 걱정		
	(3) 정보적	운동 방법에 대한 안내와 조언, 진행 상황에 관한 피드백 운동 지도자나 트레이너, 가족, 친구, 동료 등이 보조		
	(4) 동반자	친구, 가족, 회원		
	(5) 비교 확인	다른 사람과의 비교를 통해 자신의 생각, 감정, 문제, 체험 등이 정상적이라는 확인 제공 자신과 유사한 특성을 가진 동료 관찰		

개념	응집력 향상 중재 전략
독특성	• 팀 명칭을 만든다. • 팀 티셔츠를 만든다. • 야광 헤드 밴드, 야광 운동화 끈 등을 배포한다. • 팀 포스터, 슬로건을 붙인다.
개인 위치	• 수준별로 수영장 레인을 구분한다. • 소집단을 구분하는 사인(sign)을 만든다. • 초급, 중급, 고급의 위치를 나눈다. • 회원에게 자기 자리를 정해서 지키게 한다.
집단 규범	• 회원 상호 간에 소개하는 시간을 준다. • 같은 운동을 하는 회원끼리 운동 파트너가 되도록 권장한다. • 체중 감량 목표를 함께 설정한다. • 단체 운동을 위한 좋은 규칙을 만들도록 한다.
개인 공헌	• 2~3명 회원에게 그 날의 목표를 정하도록 부탁한다. • 기존 회원에게 신입 회원을 도와주도록 부탁한다. • 체중 감량을 안 해도 되는 회원은 다른 회원을 도와주게 한다.
상호작용	• 파트너와 같이 운동하고 서로 소개하도록 한다. • 좌우측 회원에게 서로 소개한다. • 5인 1조로 함께 운동하고 교대로 시범을 보인다.

Section 04 운동실천 중재 전략 2010년 2차 3번

01 이론에 근거한 중재 전략

1. 혜택 인식	(1) 개념	① 행동의 결과로 주어지는 이득 ② 운동실천 혜택 홍보 ③ 대중매체, 신문, 잡지, 팸플릿, 대화 등 활용 ④ 개인이 처한 상황이나 특성에 맞도록 운동 혜택의 선택 제공	
	(2) 혜택의 범주	① 건강과 체력 증진 ② 외모와 체형 개선 ③ 정신적·정서적 건강 향상 ④ 대인관계 개선	
2. 방해 요인 극복	(1) 실제 방해 요인	① 편리성 (접근성)	• 운동 시설 및 장비 부족, 이용하기 곤란한 교통수단, 위치적 불편 등의 탓으로 운동실천을 미루기보다 시간과 장소를 미리 결정하여 실제로 운동실천
		② 환경적 요인	• 지리적 위치, 기후, 이웃환경, 좋은 시설 등의 이점이 있더라도 접근로가 확보되지 않으면 이용 제약
		③ 신체적 제약	• 운동을 부상, 질병, 피로 등의 여러 질병을 예방하고 개선하는 방법 중 하나로 인정
	(2) 인식된 방해 요인	① 시간 부족	• 하루 계획에 운동시간을 정하고 매일 같은 시간에 운동하도록 유도 • 운동시간을 방해하는 일들(기말시험, 휴가, 주기적인 업무 부담)에 대한 처리 방법 배우기 • 운동을 사치가 아닌 우선적으로 해야 할 일로 만들기
		② 지루함과 흥미 부족	• 다양하고 즐거운 형태 활동 참여 • 음악에 맞춰 운동 • 단체로 운동 • 의욕적인 지도자와 함께 운동

3. 자기효능감 향상	(1) 과거 수행 경험	• 성공체험을 높이기 위해서 쉬운 과제에서 어려운 과제로 점점 강도 증가 • 특히 초보자는 자신의 능력에 맞는 운동 집단에 소속시켜 성취감 제공
	(2) 간접 경험	• 다양한 시범 제공 • 운동 수행자와 유사한 능력자 시범 • 기술 시범뿐만 아니라 문제해결과 관련된 시범
	(3) 언어적 설득	• 주위 사람들의 긍정적인 격려와 지지 • 구체적이고 즉각적인 칭찬 제공
	(4) 신체와 감정 상태	• 신체와 감정 상태에 대한 긍정적 해석이 가능하도록 하는 지도자의 도움 제공

02 행동수정 전략 2009년 20번

1. 의사결정 단서

• 포스터나 슬로건 붙여두기
• 운동용품을 눈에 띄는 곳에 두기
• 사회적 지지 구하기
• 매일 같은 시간과 장소에서 운동하기
• 자동차 트렁크에 운동복 두고 다니기

2. 출석 상황 게시

3. 보상 제공

4. 피드백 제공

03 인지 전략

1. 목표설정

2. 의사결정 균형표

3. 운동일지

4. 운동 계약

5. 운동 강도 모니터링

6. 내적 집중과 외적 집중

04 내적 동기 전략 2016년 B 2번

1. 즐거움 체험	
2. 몰입 상태 유도	

◈ 칙센트미하이(M. Csikszentmihalyi)

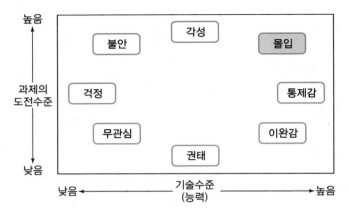

2. 몰입 상태 유도

◉ 몰입 경험과 도전 및 기술 수준과의 관계

몰입(flow)은 사람이 어떤 과제에 완전히 몰두할 때 또는 과제가 저절로 수행되는 기분이 들 때 느끼는 총체적인 감각이다. 몰입체험은 수행자의 기술 수준과 과제의 난이도가 일치할 때 발생한다. 이 순간 내적 동기는 최고 수준에 달하며, 수행의 질도 극대화된다. 즉, 어떤 과제가 '해 볼만 하다'고 느껴질 때 이러한 체험을 할 가능성이 높아진다. 과제의 난이도가 자신의 기술 수준보다 월등히 높으면 불안을 느끼며 수행의 질도 떨어지고, 자신의 기술 수준이 과제의 난이도보다 훨씬 높으면 지루함을 느끼고 수행의 수준도 역시 낮아진다.

권운성 ZOOM 전공체육

스포츠심리학

운동학습과 제어

Section 01 | 운동기술의 이해

01 운동기술의 개념 및 분류

1. 운동기술의 개념

(1) 존슨(Johnson, 1961) : 운동기술 차원	① 속도 ③ 폼	② 정확성 ④ 적응성
(2) 운동기술 부합 조건	① 수의적인 운동 ② 신체 또는 사지의 움직임 ③ 다양한 상황적 요구에 맞는 수행력	
(3) 스미스와 윙 (Smyth & Wing) : 동작의 특성	① 동작의 항상성 (constancy)	같은 형태의 동작을 반복해서 재현할 수 있으며, 하나의 동작은 일관성 있는 시간적, 공간적 구조를 가지고 있다.
	② 동작의 독특성 (uniqueness)	운동기술을 수행할 때 동일한 근육과 신체분절을 사용하여 동일한 동작을 반복적으로 만들어 낸다고 하여도, 두 움직임은 완전히 일치할 수 없다.
	③ 동작의 융통성 (flexibility)	다른 근육 또는 관절 등을 사용하여 동작의 같은 결과를 얻을 수 있다는 것이다. 이는 운동 등가 (motor equivalence) 현상과 같이 펜을 입으로 물거나 발가락 사이에 끼우고도 손으로 쓰는 것과 같은 유형의 글씨를 쓸 수 있는 것을 예로 들 수 있다.
	④ 동작의 수정 가능성 (modifiability)	변화하는 외부 환경의 정보를 받아들여 수행 중인 동작을 수정하는 것을 말한다. 이러한 수정 가능성은 불확실하게 변화하는 환경에서 일어나는 운동수행 현상을 설명하기 위한 매우 중요한 특성이다.

2. 운동기술의 분류 2001년 4번 / 2018년 A 5번 / 2021년 A 12번

(1) 일차원적 분류	① 요구되는 근육의 크기	㉠ 대근 운동기술	걷기, 달리기, 던지기, 차기 등
		㉡ 소근 운동기술	글씨 쓰기, 피아노 치기 등
		㉢ 대부분의 운동기술은 대근과 소근 운동기술의 복합적 구성	
	② 움직임의 연속성	㉠ 불연속적 운동	동작의 시작과 끝이 분명하게 나타나는 운동기술 야구의 타격, 볼링의 투구 동작, 던지기, 받기, 차기 등
		㉡ 계열적 운동	불연속적 운동기술이 연속적으로 연결되어 하나의 운동기술로 표현 체조 연기, 야구의 수비 기술 등
		㉢ 연속적 운동	어떤 특정한 움직임이 계속적으로 반복되는 운동기술 달리기, 수영, 사이클 등
	③ 환경의 안정성	환경 변화의 예측 정도에 따른 구분	
		㉠ 폐쇄 운동	환경이 변화하지 않는 안정된 기술로 수행자가 자신의 리듬과 의지에 따라서 시작할 수 있는 특징 사격, 양궁, 체조 등
		㉡ 개방 운동	계속적으로 변화하는 환경에서 수행하는 운동기술로 환경 변화의 적응 요구 농구, 축구, 레슬링 등 대부분의 운동 종목

<table>
<tr><td rowspan="4">(2) 젠타일 (Gentile) 이차원 분류</td><td rowspan="2">① 환경적 맥락</td><td>㉠ 조절 조건</td><td>움직임에 영향을 주는 환경 특성

| 조건 | 환경적 상황 |
| 안정상태 | 고정 |
| 운동상태 | 변화 |</td></tr>
<tr><td>㉡ 동작 간 가변성</td><td>수행하는 동안 나타나는 동작 가변성의 여부</td></tr>
<tr><td>② 동작의 기능</td><td colspan="2">㉠ 신체 이동
㉡ 물체 조작</td></tr>
<tr><td colspan="3"></td></tr>
</table>

		동작의 기능			
		신체이동 없음		신체이동	
		물체 조작 없음	물체 조작	물체 조작 없음	물체 조작
환경적 맥락	안정상태 조절 조건: 동작 간 가변성 없음	제자리에서 균형잡기	농구 자유투하기	계단 오르기	책 들고 계단 오르기
	안정상태 조절 조건: 동작 간 가변성 있음	수화로 대화하기	타이핑하기	평균대 위에서 체조기술 연기하기	리듬체조에서 곤봉 연기하기
	운동상태 조절 조건: 동작 간 가변성 없음	움직이는 버스 안에서 균형잡기	같은 속도로 던져지는 야구공 받기	움직이는 버스 안에서 걸어가기	물이 든 컵을 들고 일정한 속도로 걷기
	운동상태 조절 조건: 동작 간 가변성 있음	트레드밀 위에서 장애물 피하기	자동차 운전하기	축구경기에서 드리블하는 선수 수비하기	수비자를 따돌리며 드리블해 나가기

02 운동기술의 원리 및 습득 연구

1. 운동제어	(1) 개념		① 움직임 특성과 움직임 원리 ② 움직임 생성과 조절의 기전	
	(2) 운동제어 연구 주제	① 동작	㉠ 기본 동작 원리 ㉡ 움직임 조절의 원리	
		② 지각	환경 정보 지각	
		③ 인지	수집된 정보를 바탕으로 한 계획 수립	
2. 운동학습	(1) 연습과 경험	① 운동 학습	㉠ 움직임의 영구적인 변화를 가지게 되는 일련의 과정	
			㉡ 운동학습의 목적	가능한 짧은 시간 내에서 운동기술 습득 도모
			㉢ 효율적이며 체계적인 연습 동반	
		② 연습의 조건과 환경 조직 반영		
	(2) 운동학습 평가	① 파지 검사 ② 전이 검사		

03 운동행동 연구의 이론적 기반 2009년 19번

1. 반사 이론	(1) 19세기 초 신경학적 측면 기반 : 환경으로부터 물리적인 사건이 운동행동에 대한 자극으로 작용 (2) 자극에 대한 운동 시스템 활동 유발 (3) 행동주의 : 과정보다 관찰될 수 있는 움직임의 결과 강조 (4) 인간의 능동적인 행동 변화에 대한 제한적 설명

2. 정보처리 이론	(1) 인지심리학 : 인간의 능동적인 처리과정 강조		
	(2) 정보처리 관점		
	(3) 이론	① 폐쇄회로 이론	㉠ 기억 체계에 저장되어 있는 정확한 동작과 실제로 이루어진 동작 간의 오류를 수정하는 피드백으로 동작 조절 ㉡ 구심성 신경 차단 후 나타나는 운동 현상에 대한 제한적 설명 ㉢ 빠른 운동에 대한 설명의 한계 내포
		② 개방회로 이론	㉠ 움직임 발생 이전 상위 대뇌겉질(중추)에 운동 프로그램 저장 가정 ㉡ 매우 빠른 움직임에 대한 설명 용이 ㉢ 저장 용량에 대한 문제 발생 ㉣ 신형에 대한 제한적 설명
		③ 슈미트(Schmidt, 1975) 일반화된 운동 프로그램과 도식 이론	㉠ 폐쇄회로 이론과 개방회로 이론의 장점만을 통합하여 일반화된 운동 프로그램을 근거로 한 도식 이론을 제안 ㉡ 빠른 움직임은 개방회로(회상도식) 이론으로, 느린 움직임은 폐쇄회로(재인도식) 이론으로 움직임 제어에 대한 설명 ㉢ 맥락에 따른 중력 변화, 근육 피로 등과 같이 환경과 동작 시스템이 갖게 되는 변화 요소를 고려하지 못하여 복잡한 운동행동에 대하여 제한적 설명

03

3. 다이나믹 시스템 이론	**(1) 번스타인 (Bernstein)**	① 신체적·역학적 특성과 신체에 작용하는 내·외적인 힘을 고려하여 운동체계 설명
		<table><tr><td>맥락 조건 가변성</td><td>동일한 근육 수축이 다른 형태의 움직임 생성</td></tr><tr><td>운동 등가</td><td>다른 근육 수축이 같은 형태의 움직임 생성</td></tr></table>
		② 신체적 특성과 환경의 중요성 강조
	(2) 뉴웰 (Newell)	① 환경, 유기체, 과제를 인간 운동의 제한 요소로 간주 ② 제한 요소 간의 상호작용 속에서 인간은 적절한 운동을 생성할 수 있다는 가정 ③ 운동원리
		<table><tr><td>자기조직 원리</td><td>• 제한요소의 상호작용 결과가 특정한 조건에 부합될 때 인간 운동은 저절로 발생된다는 법칙</td></tr><tr><td>비선형성의 원리</td><td>• 선형적인 경향을 보이지 않고 비선형적으로 발생되는 운동 변화 원리 • 제한요소의 변화에 따라 새로운 조건에 적합한 운동형태로 갑작스럽게 전환되는, 즉 안정성과 밀접한 상변이 현상 발생</td></tr></table>
		④ 기억 표상의 구조는 불필요하다는 전제 아래 동작제어 설명
	(3) 한계	신경체계의 조절을 고려하지 않고, 환경과 유기체의 물리적 상호관계만을 강조하여 동작제어에 대한 설명의 한계 내포

4. 생태학적 이론	생태학적 이론은 환경 정보에 대한 지각과 운동 동작의 관계를 강조한 것으로, 환경 정보는 그 자체에 의미가 있기 때문에 어떠한 인지적 과정을 거치지 않고도 동작을 일으킬 수 있음	
	(1) 유기체와 생태계를 하나의 단위로 분석	① 환경 맥락 중시 ② 실제 상황에 대한 적용 설명 기능 ③ 지각과 동작을 분리시켜 설명할 수 없는 유기적 관계로 인식
	(2) 시각 기능 강조	
	(3) 동작에 대한 직접적인 지각	① 정보는 환경과 물체에서 반사된 빛을 통해 인지적인 처리 과정을 거치지 않고 직접 전달 ② 끊임없이 전달되는 빛의 흐름을 통해 계속적으로 정보와 의미 수용 ③ 눈의 움직임을 통해 광학적 배열을 인식하여 움직임에 대한 지각과 변하지 않는 일관적인 속성 지각

Section **02** **운동 측정**

01 **운동결과 측정**

1. 시간 측정

① 자극 신호가 제시되는 순간부터 동작 반응이 일어나는 순간까지 정보처리에 소요되는 시간

② 움직임 계획과 실행에 관계된 정보처리 과정의 소요 시간

③ 영향 요인

- 반응 선택의 수
- 반응의 복잡성
- 반응에 요구되는 정확성

④ 반응시간 구분(자극과 요구되는 반응의 수에 따른 구분)

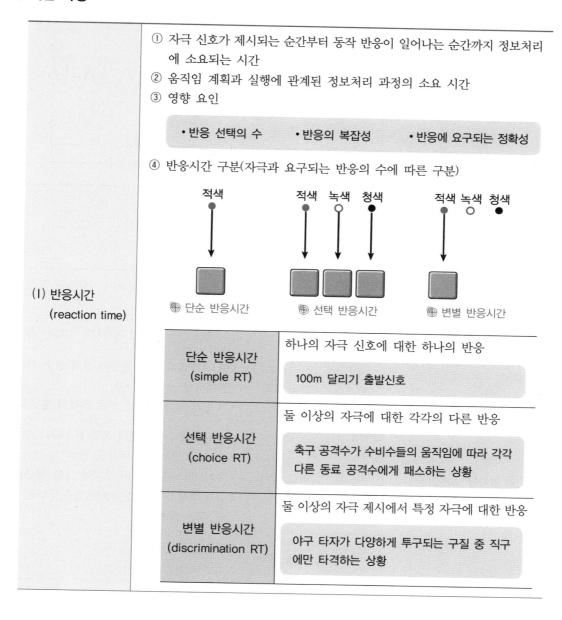

(Ⅰ) 반응시간
(reaction time)

단순 반응시간 (simple RT)	하나의 자극 신호에 대한 하나의 반응 100m 달리기 출발신호
선택 반응시간 (choice RT)	둘 이상의 자극에 대한 각각의 다른 반응 축구 공격수가 수비수들의 움직임에 따라 각각 다른 동료 공격수에게 패스하는 상황
변별 반응시간 (discrimination RT)	둘 이상의 자극 제시에서 특정 자극에 대한 반응 야구 타자가 다양하게 투구되는 구질 중 직구에만 타격하는 상황

(2) 운동시간 (movement time)	① 동작 반응 시작 순간부터 움직임이 완전히 종료될 때까지의 시간 ② 속도 – 정확성 상쇄 원리의 규명 변인 : 정확성이 많이 요구될수록 운동시간 증가 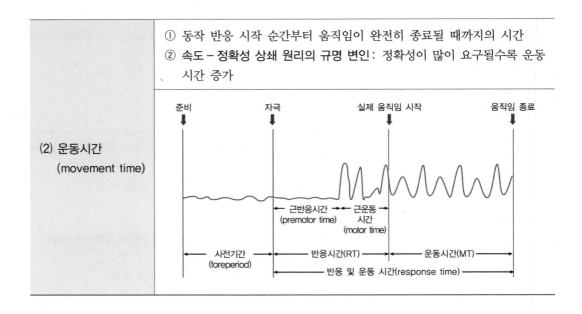

2. 정확성 · 일관성 측정

(1) 오차 점수			목표 점수와 실제 수행 점수의 차를 나타내며, 수행 결과의 정확성과 일관성을 평가하기 위해 사용
(2) 일차원 과제의 오차 점수			힘, 시간, 거리와 같이 하나의 성취 목적을 갖는 과제의 정확성과 일관성 측정
	① 정확성 측정	㉠ 절대 오차	• 매 시행에서 목표 점수와 실제 점수 간의 절대적인 크기의 차이 • 여러 번의 시행에서 얻은 결과의 평균값
		㉡ 항상 오차	• 실제 운동수행 결과와 목표 점수와의 차이에 대한 방향성을 나타낸 점수 • 여러 번 시행 결과의 오차에 대한 평균값 • 실제 점수가 목표 점수보다 높은지 낮은지에 대한 정보 제공
	② 일관성 측정	㉠ 가변 오차	• 원점수 표준편차 • 집단의 일관성 평가
		㉡ 전체 오차	• 총 가변성 • 모든 실제 수행 결과가 분포되어 있는 정도를 나타내어 목표 달성에 대한 정보 제공

(3) 이차원 과제의 오차 점수	사격, 다트 던지기, 양궁 등 공간적 정확성 및 일관성을 요구하는 과제의 정확성·일관성 측정			
	① 정확성 측정	㉠ 반경 오차		이차원 과제의 절대오차
		㉡ 평균반경 오차		2회 이상 수행에 대한 평가
	② 일관성 측정	이원변량 가변 오차		시행 간의 중앙 점수를 사용하여 중앙반경 오차 산출 후, 매 시행 점수와 중앙 점수의 차이 정보 제공
(4) 연속적인 기술 수행의 정확성 측정				
	① 평균자승 오차근			연속적인 과제의 절대오차
	② 목표점 접촉시간			센서가 부착된 철필이 움직이는 목표물과 접촉되는 시간 측정, 즉 접촉시간과 운동수행 정확성 비례

3. 운동 수행량 측정

(1) 운동수행의 양과 크기 측정	① 투원반, 투창 종목에서 투사 거리 ② 역도 종목에서 들어 올린 바벨 무게
(2) 운동기술 효율성의 간접적 평가	① 에너지 ② 환기량

02 운동과정 측정

1. 운동학적 측정	(1) 위치 · 속도 · 가속도 (2) 선운동과 각운동 (3) 동작 분석 방법	
2. 운동역학적 측정	(1) 인간 움직임에서 발생하는 힘 분석 (2) 지면반력, 관절 반력, 근력, 유체 저항, 탄성력, 관성력, 신체분절의 회전력 등 측정	
3. 뇌 활동 측정	뇌전도(EEG)	
4. 근육활동 측정	(1) 근전도(electromyography : EMG) 분석 (2) 근육이 발휘하는 힘의 양, 근육 수축 크기와 시간, 근육 피로 상태, 근육 동원 순서 및 타이밍, 근육 협응력 등 측정	
5. 운동협응 측정	(1) 각도 – 각도 다이어그램	
	(2) 위상평면 분석법(=형태학 분석법)	① 관절 각 위치와 각속도 관계 ② 협응 관련 특성의 질적 분석
	(3) 교차상관 분석법	두 관절에 대한 위치 간 교차상관 계산

03 운동학습 측정

1. 수행곡선	(1) 연습기간 동안 획득한 수행 점수 기록	
	(2) 학습측정 위한 수행 곡선 활용의 문제점	① 수행의 반복적 관찰은 영구적 변화를 의미하는 학습에 대한 예측 불가 ② 수행자 간 개인차와 시행 간 가변성 반영 불가능
	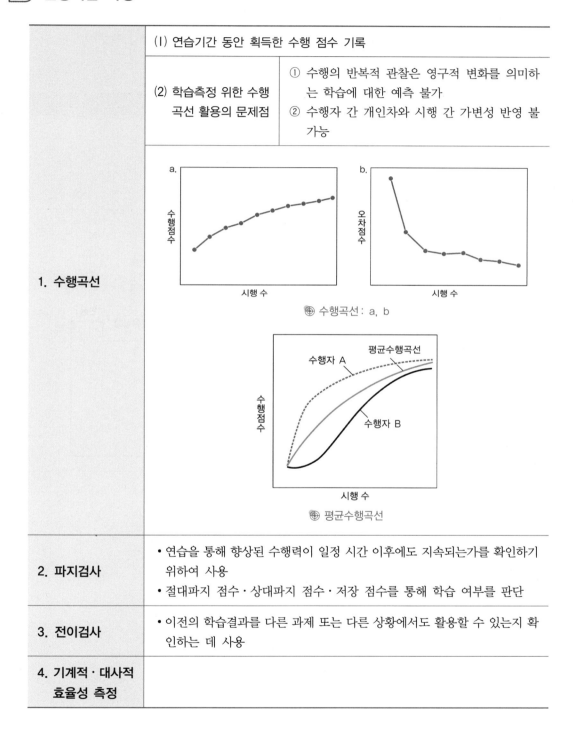 ◉ 수행곡선 : a, b ◉ 평균수행곡선	
2. 파지검사	• 연습을 통해 향상된 수행력이 일정 시간 이후에도 지속되는가를 확인하기 위하여 사용 • 절대파지 점수·상대파지 점수·저장 점수를 통해 학습 여부를 판단	
3. 전이검사	• 이전의 학습결과를 다른 과제 또는 다른 상황에서도 활용할 수 있는지 확인하는 데 사용	
4. 기계적·대사적 효율성 측정		

Section 03 정보처리와 운동수행

[01] 정보처리 접근

1. 정보처리 단계

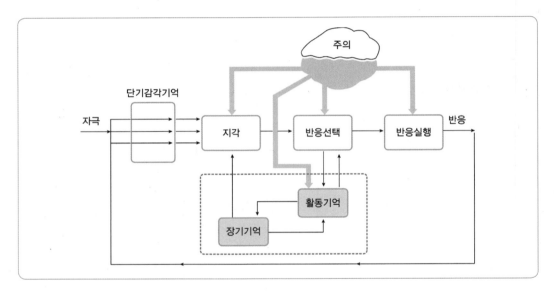

(1) 감각지각 단계	① 환경으로부터 자극 확인	
	② 지각 능력과 직접적 관련	시각, 청각, 촉각 등과 같은 다양한 감각 기관 활용
	③ 경험과 운동기술 수행 수준 요인에 의한 지각 능력 결정	
	④ 감각지각 단계 기능	⊙ 환경 정보(자극) 탐지 : 자극의 명확성과 강도의 영향 ⓒ 자극 유형 인식
(2) 반응선택 단계	① 자극에 대한 반응 유형을 결정하는 의사결정 단계 ② 반응의 수와 선택해야 하는 대안 수가 많을수록, 자극과 반응 간의 적합성이 약할수록 처리 과정 속도 지연 ③ 연습은 반응선택 단계의 처리속도 향상 도모	
(3) 반응실행 단계	① 실제 움직임의 생성 위한 운동 체계 조직	
	② 수행에 필요한 근육의 적정한 힘과 타이밍 결정	
	③ 처리 속도 영향 요인	⊙ 움직임 요소의 수 ⓒ 움직임 정확성 요구량 ⓒ 동작시간

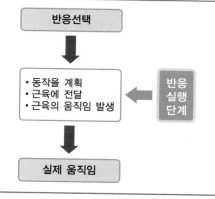

야구에서 타자가 투수가 던진 공에 스윙을 할 것인지를 결정하고(반응선택 단계), 만약 스윙하기로 결정하였다면 다양한 형태의 스윙 궤적을 형성하기 위하여 스윙 동작을 계획한(반응실행 단계) 이후에 실제로 스윙을 하게 되는(실제 반응) 것이다.

정보처리 형태

처리 형태의 유형	계열적 과정	정보의 순차적 처리
	병렬적 과정	2개 이상 정보의 동시 처리
	병렬적 분산 과정	과제 요구, 환경 조건, 수행자 과거 경험, 현재 의도 등에 따라서 계열적인 과정과 병렬적인 과정이 혼합되어 처리
처리 형태의 사용	병렬적 처리	감각지각과 반응선택 단계
	계열적 처리	반응실행 단계(이중자극의 연구)

◉ 계열적 과정　　　　◉ 병렬적 과정　　　　◉ 병렬적 분산 과정

2. 정보처리 단계별 능력

(1) 감각지각 단계	① 병렬적 동시 처리	
	② 스트룹 효과 (자극 간 간섭 현상)	색과 색의 이름을 나타내는 단어 의미는 각각 병렬적으로 동시 처리
	③ 칵테일 파티 현상	선택적 주의 현상
(2) 반응선택 단계	① 간섭 발생	
	② 학습 단계와 처리 형태	
(3) 반응실행 단계	① 계열적 처리	
	② 정보처리 과정의 병목현상 발생	

스트룹 효과 세부 표:

2개 감각 자극	처리 속도
일치	자극 간 간섭 발생이 없어 처리 속도 증가
불일치	자극 간 간섭 발생되어 처리 속도 감소

학습 단계와 처리 형태 세부 표:

학습 단계	처리 형태
학습 초기	통제적 처리
숙련자	의식적 노력 없이 정보의 동시 처리

연습은 특정 자극에 대한 행동적 단위를 형성하여 자동화된 운동수행 도모

통제적 처리	자동적 처리
• 느린 정보처리	• 빠른 정보처리
• 과제 주의 요구	• 과제 주의 감소
• 계열적	• 병렬적
• 자발적	• 비자발적

정보처리 과정의 병목현상 세부 표:

병목현상	하나의 자극에 대한 반응실행이 완료되기 전까지 다음 자극에 대한 반응실행 불가능
심리적 불응기	자극 간 시간차가 짧으면 첫 번째 자극에 대한 반응실행이 진행 중에 있으므로 두 번째 자극에 대한 반응실행 지연

3. 반응시간과 운동행동의 관계 공청회 논술 4번 / 2019년 B 6번 / 2025년 A 4번

(1) 선택 반응시간 연구	① 자극 – 반응 대안 수	㉠ 선택해야 할 반응의 수가 증가할수록 동작들 중 한 가지에 반응하는 데 소요되는 시간, 즉 선택 반응시간 점차 증가 ㉡ 힉(Hick)의 법칙: 선택 반응시간과 자극반응 대안 수의 선형적 관계 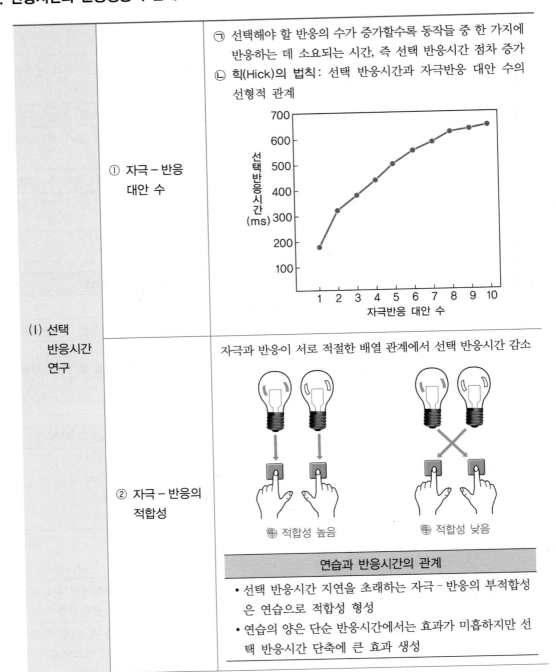
	② 자극 – 반응의 적합성	자극과 반응이 서로 적절한 배열 관계에서 선택 반응시간 감소 ⊕ 적합성 높음 　　⊕ 적합성 낮음 **연습과 반응시간의 관계** • 선택 반응시간 지연을 초래하는 자극 – 반응의 부적합성은 연습으로 적합성 형성 • 연습의 양은 단순 반응시간에서는 효과가 미흡하지만 선택 반응시간 단축에 큰 효과 생성

(2) 이중자극 연구	① 심리적 불응기	㉠ 먼저 제시된 자극에 대해 반응을 수행하고 있는 도중 또 다른 자극이 제시되는 경우, 두 번째 자극에 대한 반응시간이 현저하게 길어지는 현상 ㉡ 페인팅 동작 원리 **자극 간 시간차에 따른 반응시간** • 자극 간 시간차가 약 60ms일 때 두 번째 자극에 대한 반응시간이 현저히 증가 • 자극 간 시간차가 점차 커짐에 따라 두 번째 자극에 대한 반응시간은 점차 감소 • 두 번째 자극 처리에 대한 간섭효과 발생 • 집단화: 자극 간 시간차가 40ms 이하로 매우 짧은 경우, 첫 번째 자극과 두 번째 자극을 하나의 자극으로 간주 ㉢ 반응실행 단계에서 심리적 불응기 발생
	② 심리적 불응기 적용	**농구 슛 동작을 위한 효과적 페인팅 기법(전략)** • 1차 자극인 페인팅 동작과 최대로 유사한 실제 슛 동작 실시 • 페인팅 랜덤 사용 • 페인팅 동작과 실제 슛 사이 적절한 시간차 유지 • 60ms에서 100ms 정도의 자극 간 시간 차이에서 가장 오랜 시간의 반응 지연이 유발되며 100ms 이상 자극 간 시간 간격에서는 수비자가 실제 슛 동작에 대하여 정상적 반응이 이루어져 효과적일 수 없음

02 기억과 운동수행

1. 기억의 형태

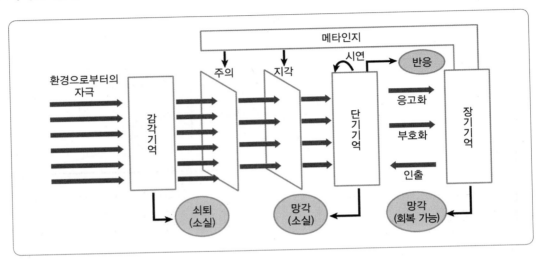

(1) 감각·단기·장기 기억	① 감각 기억	㉠ 짧은 시간 동안 많은 양의 정보 저장 ㉡ 영상 기억의 형태로 감각 등록기에 유입 ㉢ 병렬적 정보처리
	② 단기 기억	㉠ 인지적 처리과정을 거치지 않은 정보는 대부분 망각되나 정교한 처리과정을 지날 경우 장기 기억에 반영구적으로 정보 저장 ㉡ 선택적 정보처리, 5~9개 청킹(편화) 저장 가능 ㉢ 반복, 암송으로 장기 기억에 저장
	③ 장기 기억	㉠ 영구적 정보 저장 ㉡ 기억 용량의 무제한 저장 ㉢ 연습을 통하여 필요할 때 장기 기억에 저장된 정보를 효율적으로 인출

(2) 명제적·절차적 기억 (저장되는 정보 유형에 따른 구분)	① 툴빙(Tulving)의 기억 형태	㉠ 일화적 기억	개인이 경험한 사건을 구체적인 영상 형태로 보유
		㉡ 절차적 기억	수행하는 운동 과제 순서와 절차 저장
		㉢ 어의적 기억	일반적이며 체계적인 지식 저장
	② 명제·절차적 기억	㉠ 명제적 기억	운동 상황에서 무엇을 해야 하는지에 대한 정보로 경기 규칙이나 특정 상황에서 구사해야 하는 운동기술의 하위 요소 포함
		㉡ 절차적 기억	움직임 수행 순서에 대한 정보

2. 기억의 과정

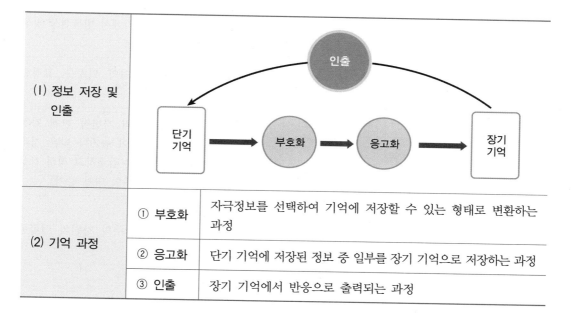

(1) 정보 저장 및 인출		단기 기억 → 부호화 → 응고화 → 장기 기억, 인출
(2) 기억 과정	① 부호화	자극정보를 선택하여 기억에 저장할 수 있는 형태로 변환하는 과정
	② 응고화	단기 기억에 저장된 정보 중 일부를 장기 기억으로 저장하는 과정
	③ 인출	장기 기억에서 반응으로 출력되는 과정

3. 운동과 기억

(1) 장기 기억 범주	① 명시적 기억: 자각, 주의, 성찰 등의 의식적 작용으로 형성 ② 암묵적 기억
(2) 운동과 기억	장기 기억과 관련된 암묵적 기억 형태로 운동이 관장됨

03 주의와 운동수행

1. 주의	(1) 주의 특징	① 제한적 ② 선택적 ③ 각성과 관련	
	(2) 니데퍼 (Nideffer) 주의 초점	① 폭	광의(포괄) - 협의(제한)
		② 방향	내적(신체감각, 의식작용) - 외적(환경적 요인)
2. 주의 이론	(1) 단일통로 이론	① 정보처리 체계가 한 번에 한 가지 정보를 순서대로 처리 ② 감각 - 지각, 반응선택, 반응실행 단계 각각에서 병목현상 발생 ③ 심리적 불응기 연구의 기본적 배경	
	(2) 제한역량 이론	① 중추자원 역량 이론	㉠ 고정역량 이론	총체적 주의의 역량을 고정한 가정
			㉡ 가변역량 이론	주의 역량의 가변적 한계 가정 (각성 수준이 높거나 낮은 경우 주의 역량은 감소하고 적정 각성 수준에서 주의 역량 증가)
		② 다중자원 이론	㉠ 다양한 정보 체제 보유 ㉡ 수행하는 기술에 따라 주의 자원의 적합한 활용	

03

구분	개념
각성	깊은 수면부터 높은 흥분에 이르는 연속선상에서 변화하는 유기체의 생리적 · 심리적 활성화
불안	초조함, 걱정 등과 같은 정서적이고 인지적인 측면으로 행동적 수준이나 인지적 수준에서 측정
상태불안	자율신경계의 활성화로 상황에 따라 변화하는 각성과 관련된 주관적 · 의식적으로 느끼는 우려나 긴장감
특성불안	개인의 성격적 측면으로 간주되며 객관적으로 비위협적인 상황을 위협적인 것으로 지각하여 객관적 위협의 강도와 관계없이 상태불안 반응을 나타내는 개인 동기나 후천적으로 습득된 행동 경향

(1) 각성과 불안

3. 주의와 심리적 요인의 관계

(2) 주의와 각성

① 단서유용 가설

a 낮은 각성수준 : 주의영역이 지나치게 넓다.

b 적정 각성수준 : 주의영역이 적절하다.

c 높은 각성수준 : 주의영역이 지나치게 좁다.

각성수준	특징
a	지각할 수 있는 범위가 상대적으로 넓어져 필요하지 않은 단서까지 유입되고, 필요한 단서에 주의를 기울이지 못하여 운동 수행력 감소
b	부적절한 단서는 배제하고 적절한 단서만 유입되어 운동 수행력 증진
c	주의 폭이 너무 좁아져 필요한 단서까지 놓칠 가능성이 증가되어 운동 수행력 감소

② 지각의 협소화

Section 04 운동 정확성과 타이밍

01 운동 정확성 결정 요인

1. 신체요소의 참여 수준(동작 난이도)

2. 인지적 요구 수준

3. 운동 속도

02 운동수행의 정확성 관련 이론 2022년 A 4번

1. 정보처리 용량의 한계 2013년 2차 2번	(1) Fitts의 시각적 정보처리 연구	① 난이도 지수(index of difficulty) $$MT = a + b \cdot \log_2\left(\frac{2D}{W}\right)$$ MT : 운동시간 D : 움직인 거리 W : 목표물의 크기 a, b : 상수 ② 난이도 지수가 증가하는 것은 과제 수행에 필요한 정보량의 증가 의미 ③ 목표물의 크기가 작거나, 움직이는 거리가 길어질수록 난이도와 운동시간 증가. 따라서 운동속도 감소를 통하여 운동수행 정확성 향상 도모
	(2) 속도정확성 상쇄 원리의 이론적 근거	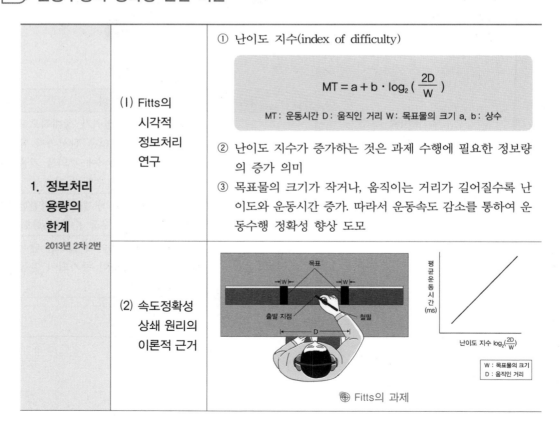 ⊕ Fitts의 과제

2. 피드백에 의한 수정	(1) 느린 운동의 정확성 조절	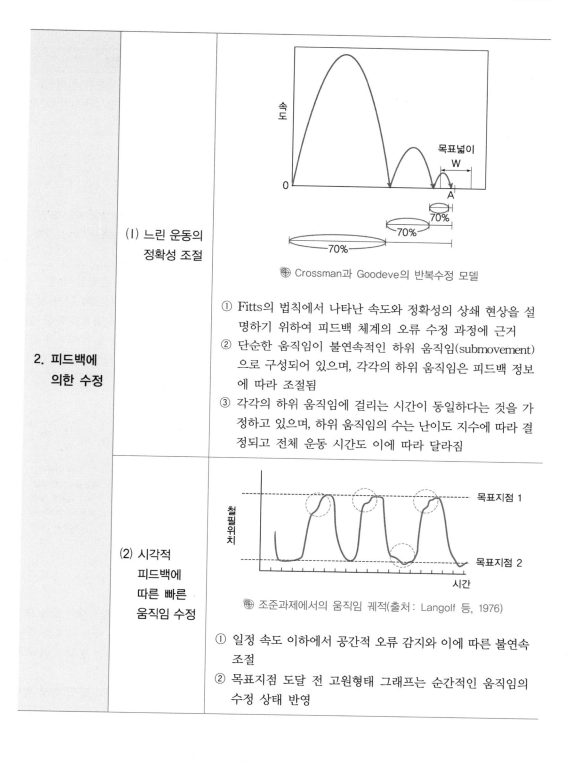

◉ Crossman과 Goodeve의 반복수정 모델

① Fitts의 법칙에서 나타난 속도와 정확성의 상쇄 현상을 설명하기 위하여 피드백 체계의 오류 수정 과정에 근거
② 단순한 움직임이 불연속적인 하위 움직임(submovement)으로 구성되어 있으며, 각각의 하위 움직임은 피드백 정보에 따라 조절됨
③ 각각의 하위 움직임에 걸리는 시간이 동일하다는 것을 가정하고 있으며, 하위 움직임의 수는 난이도 지수에 따라 결정되고 전체 운동 시간도 이에 따라 달라짐

(2) 시각적 피드백에 따른 빠른 움직임 수정

◉ 조준과제에서의 움직임 궤적(출처: Langolf 등, 1976)

① 일정 속도 이하에서 공간적 오류 감지와 이에 따른 불연속 조절
② 목표지점 도달 전 고원형태 그래프는 순간적인 움직임의 수정 상태 반영

3. 임펄스 가변성 이론	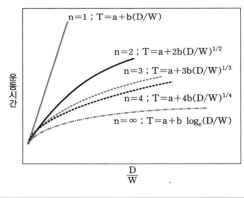 힘 시간(ms) ◉ 임펄스의 다양한 형태	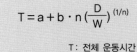 **임펄스** • 단위시간 동안 작용된 힘의 양 • 동작 지속시간과 생성된 힘의 크기로 결정 $$W_e = a + b \cdot \left(\frac{D}{MT}\right)$$ W_e : 끝점의 표준 편차 D : 운동거리 MT : 운동시간 a, b : 상수

① 슈미트(Schmidt) 일반화된 운동 프로그램 이론에 근거한 움직임 수정
② 시각 피드백 사용이 불가능한 빠른 움직임 수정에 대한 이론적 근거 제공
③ 속도 증가 위해 큰 힘이 요구되고 사용된 힘의 크기가 클수록 움직임 동작 가변성 증가, 즉 빠른 운동상황에서 작용한 힘의 절대적 크기가 운동 정확성 결정
④ 운동속도가 증가할수록 공간 가변성이 증가되어 운동 정확성 감소

4. 최적 하위분절 운동 모델	운동시간 $n=1$; $T=a+b(D/W)$ $n=2$; $T=a+2b(D/W)^{1/2}$ $n=3$; $T=a+3b(D/W)^{1/3}$ $n=4$; $T=a+4b(D/W)^{1/4}$ $n=\infty$; $T=a+b \log_e(D/W)$ $\frac{D}{W}$	$$T=a+b \cdot n\left(\frac{D}{W}\right)^{(1/n)}$$ T : 전체 운동시간 D : 목표물까지의 거리 W : 목표의 넓이 n : 하위 움직임의 수 a와 b : 상수

① 피츠(Fitts)의 시각적 정보처리 수용
② 움직임 공간 가변성은 목표지점까지 거리가 증가하거나 운동시간이 짧을 경우 증가하며, 짧은 거리의 목표지점까지 천천히 움직일 경우 공간 정확성 증가
③ 목표물까지의 거리와 넓이의 관계가 전체 운동시간에 미치는 영향은 하위 움직임 수에 따라 다양하게 변화
④ 하위 움직임 수가 무한대에 가까워지면 피츠(Fitts)의 법칙과 동일 현상 발생

📍 속도정확성 상쇄 예외(Newell) 2022년 A 4번

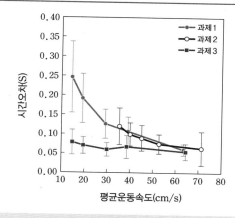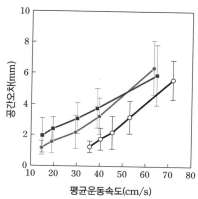

- '속도 – 정확성 상쇄 현상이 타이밍 과제에서는 나타나지 않는다.'
- 타이밍(시간) 오차는 움직임 속도가 증가함에 따라서 감소
- 움직임 속도 증가에 따라 공간 정확성은 감소하고 타이밍 정확성은 증가

03 스포츠수행의 타이밍

1. 운동과 타이밍	(1) 타이밍의 개념	① 타이밍	동작 자체의 시간적 구조로 동작의 특정 위치와 목표물 요소로 결정
		② 상대타이밍	동작속도와 동작거리에 관계없는 기본적 시간 구조인 동작 유형의 리듬
		③ 일치타이밍	운동의 주체와 객체 사이 시간과 공간 일치
	(2) 타이밍과 리듬, 템포		
2. 예측	(1) 스윙 속도 증가와 정확한 시간 예측으로 빠르게 날아오는 공의 정확한 타격		
	(2) 역동적인 환경에서 정확한 운동기술 수행능력과 예측능력의 정적 상관		
	(3) 타이밍 과제 수행	① 움직임 탐색 ② 자극 속도 예상 ③ 자극에 일치된 동작 수행을 위한 지각 시스템과 동작 시스템 통합	
3. 타이밍 측정	야구 타격	① 예측 물체에 대한 시각적 추적과 적합한 신체 움직임으로 타이밍 결정 ② 운동에 관여하는 시간이 길수록 타이밍 오차 증가	

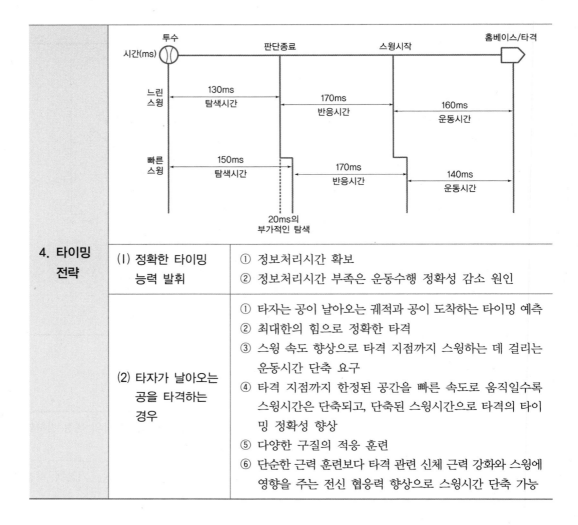

4. 타이밍 전략	(1) 정확한 타이밍 능력 발휘	① 정보처리시간 확보 ② 정보처리시간 부족은 운동수행 정확성 감소 원인
	(2) 타자가 날아오는 공을 타격하는 경우	① 타자는 공이 날아오는 궤적과 공이 도착하는 타이밍 예측 ② 최대한의 힘으로 정확한 타격 ③ 스윙 속도 향상으로 타격 지점까지 스윙하는 데 걸리는 운동시간 단축 요구 ④ 타격 지점까지 한정된 공간을 빠른 속도로 움직일수록 스윙시간은 단축되고, 단축된 스윙시간으로 타격의 타이밍 정확성 향상 ⑤ 다양한 구질의 적응 훈련 ⑥ 단순한 근력 훈련보다 타격 관련 신체 근력 강화와 스윙에 영향을 주는 전신 협응력 향상으로 스윙시간 단축 가능

Section 05 운동의 협응

01 협응의 개념과 문제

1. 협응의 개념

(1) 협응의 개념	동작 목적에 따라서 형성되는 신체와 사지의 상대적 움직임 형태		
(2) 협응	① 신체	㉠ 사지 내 협응 ㉡ 사지 간 협응	
	② 관절 관계	㉠ 절대 협응	동일한 주기로 움직이는 관절 간 안정된 위상 관계 유지
		㉡ 상대 협응	두 개의 연합된 움직임이 일치하지 않아서 발생되는 위상 관계의 변화
	♡ 물고기 지느러미의 움직임		
	자석효과 – 절대 협응	한 지느러미의 움직임 형태가 다른 지느러미 움직임 빈도에 영향을 주어 움직임 형태가 서로 유사해지는 경향	
	보존 경향성 – 상대 협응	각각의 지느러미가 고유의 빈도로 계속 움직이려는 경향	

2. 협응의 주요 문제(Bernstein)

(1) 자유도	① 개념 : 시스템의 독립적 구성 요인으로 시스템이 움직일 수 있는 가능성의 수	
	② 수많은 운동 요소를 어떻게 통제하여 효율적인 운동 동작을 생성할 수 있는가?	
	③ 운동 등가	㉠ 신체 움직임이 필요한 운동 과제는 다양한 방법으로 과제 목적 달성
		무거운 짐을 들고 전등 스위치 켜기에 등이나 팔꿈치 사용
		㉡ 다양한 형태의 동작으로 같은 결과 생성
	④ 일반적으로 관절 수준에서 인간의 자유도 계산	

(2) 맥락조건 가변성	① 운동 프로그램으로 설명 불가능한 동일한 근육 활동이 맥락 조건 가변성에 영향을 받아 운동결과 변화 설명		
	② 가변성 요인	㉠ 해부학적 요인	 • 동일한 근육의 수축 활동에서 사지 최초 위치에 따라 움직임 결과 변화 • 동일 움직임에서 움직임 속도에 따라 사용되는 근육 변화
		㉡ 역학적 요인	 • 한 관절의 변화가 다른 관절에 영향을 주어 움직임의 결과 변화 • 사지에 생성되는 중력과 같은 환경이나 주관절 주변 신체 분절에 작용된 힘으로 움직임의 결과 변화
		㉢ 생리학적 요인	• 척수기전에 따라 움직임의 결과 변화 • 뇌와 근육 협응에 따라 움직임의 결과 변화

02 다이나믹 관점의 협응 원리 2014년 B 서술 1번 / 2024년 B 10번

1. 협응 원리

(1) 협응 제한 요소	① 유기체 ② 환경 ③ 과제
(2) 자기조직의 원리	 ⊕ 안정상태　　⊕ 불안정성 증가 ⊕ 무질서한 움직임　　⊕ 대류발생(새로운 안정상태) ① 다차원 요인의 상호작용 결과로 인한 인간의 운동제어 ② 조건 적합에 특정 현상은 저절로 발생 ③ 협응은 환경적 특성과 사지 역학적 특성의 상호관계 속에서 형성

(3) 비선형성의 원리		
	 ⊕ 반대 위상(a)과 같은 위상(b)의 예	
	① 시간에 따른 협응 변화는 비선형적으로 변화	
	② 질서 변수	㉠ 움직임 유형과 특성을 묘사하기 위한 수단으로 동작 유형 표현 ・상대적 위상 ・조준 움직임 평형점 ・근육의 강직성 등 ㉡ 질서 변수는 제어 변수의 체계적 변화로 새롭게 형성
	③ 제어 변수	㉠ 질서 변수의 변화 원인 ・속도 ・무게 ㉡ 다이나믹 접근의 협응 원리 규명

2. 협응구조 형성과 변화

(1) 협응구조	① 하나의 기능적 단위로 작용하는 근육의 집합체 ② 운동 역학적 자유도를 하나의 단위로 조절하여 유기체가 원하는 동작 생성 ③ 자기조직의 원리가 반영되어 협응구조 형성

	개념
협응	목표성취에 필요한 자유도를 최소한의 수로 제한하는 과정
제어	협응에 의하여 제한된 자유도를 다양한 방법으로 조작하여 행동적 단위를 구성하는 과정

(2) 안정성과 협응구조의 변화		① 안정성 개념과 밀접한 협응구조의 변화
		② 제한 요소의 변화는 안정성 변화 유도
	③ 상변이 현상	 ㉠ 안정성의 변화로 협응구조의 형태가 변하는 현상으로 비선형성의 원리를 따름 ㉡ 상변이 현상은 제어 변수의 체계적 변화로 안정성이 손실되어 발생 ㉢ 제어변수가 특정 임계점에 가까워짐에 따라 협응구조가 안정 상태에서 불안정 상태로 변하고, 특정 임계점에 도달한 순간 다시 협응구조가 안정 상태에 이르러 새로운 협응구조 형성 ㉣ 상변이 현상 발생 시, 동원된 자유도 수 감소
	④ 어트랙터 상태	㉠ 매우 안정된 동작 상태 ㉡ 시스템이 선호하는 협응 상태 ㉢ 협응의 가변성이 최소한으로 나타나 안정성 유지 ㉣ 에너지를 가장 효율적으로 사용하는 상태
		⑤ 운동기술 학습은 동작에 적합한 협응구조 형성 과정으로 파악

(3) 안정성 측정	① 연습에 따라서 협응 형태의 불안정성은 감소되어 변화하는 환경에 완전히 적응하는 새로운 협응구조 형성	
	② 측정 방법	ⓖ 임계요동 측정 ⓛ 이완시간 측정 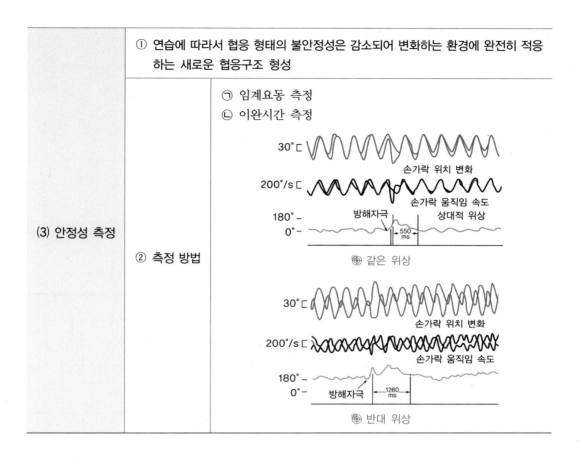

03 다양한 과제에서의 협응

1. 자세유지

(1) 신체 분절 간, 과제, 신체와 환경의 적절한 관계 유지 능력으로 자세 유지

(2) 직립

　① 정적 직립자세

　② 동적 직립자세

(3) 예비자세 조절과 반응자세 조절

2. 보행

(1) 보행 주기	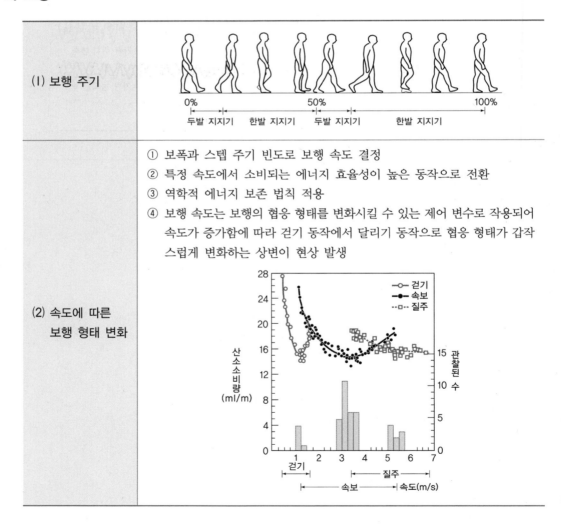
(2) 속도에 따른 보행 형태 변화	① 보폭과 스텝 주기 빈도로 보행 속도 결정 ② 특정 속도에서 소비되는 에너지 효율성이 높은 동작으로 전환 ③ 역학적 에너지 보존 법칙 적용 ④ 보행 속도는 보행의 협응 형태를 변화시킬 수 있는 제어 변수로 작용되어 속도가 증가함에 따라 걷기 동작에서 달리기 동작으로 협응 형태가 갑작스럽게 변화하는 상변이 현상 발생

3. 눈 – 머리 – 손

(1) 전정안구 반사

(2) 머리가 목표물 방향으로 움직임에 따라 눈은 머리 움직임과 반대 방향으로 회전

골프 스윙 시 머리와 손의 움직임

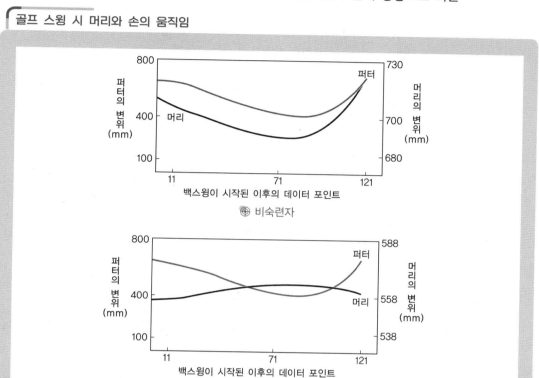

＊비숙련자: 머리 움직임과 퍼터 움직임 간 정적 상관
＊숙련자: 머리 움직임과 퍼터 움직임 간 부적 상관

4. 시간적 협응

5. 공간적 협응

Section **06** 시지각과 운동수행

01 시각정보와 지각

1. 시각 정보	(1) 시각정보 기능	① 시각은 환경 인식과 신체 모델 형성 ② 시각정보 자체가 적절한 운동행동 유발		
	(2) 광학	① 빛 분류	 ◉ 방사빛 　　　　　 ◉ 환경빛	
		② 광학의 유형	㉠ 광학적 흐름	관찰자와 상관없이 일어나는 광학 배열 구조의 일시적인 변화로 빛이 눈으로 도달하기 전 관찰 지점을 둘러싼 빛의 강도 유형
			㉡ 망막의 흐름	관찰자의 망막에서 일어나는 빛 유형의 변화
		③ 광학적 흐름의 변화는 움직임에 대한 정보 지각에 절대적 영향 제공		
		④ 환경 광학 배열 흐름에 따라 이동 운동 상태 인식		
		⑤ 광학적 흐름의 변화로 인간은 안정성과 평형성, 운동 속도, 물체와 관련된 운동 방향, 수행자와 관련된 물체의 운동, 수행자와 물체가 접촉할 때까지의 시간 등과 같은 움직임에 필요한 정보 획득		
	(3) 접촉시간 정보	① 물체에 대한 접촉 시간정보를 사용하여 수행자와 물체의 상호 움직임 인식 ② 타우(tau) 활용 $$타우(T) = \frac{망막에 맺힌 상의 크기}{상 크기의 변화율}$$		

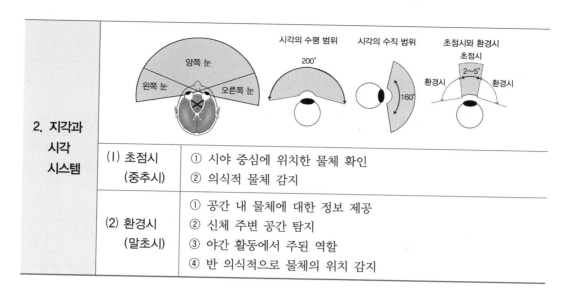

2. 지각과 시각 시스템	(1) 초점시 (중추시)	① 시야 중심에 위치한 물체 확인 ② 의식적 물체 감지
	(2) 환경시 (말초시)	① 공간 내 물체에 대한 정보 제공 ② 신체 주변 공간 탐지 ③ 야간 활동에서 주된 역할 ④ 반 의식적으로 물체의 위치 감지

02 간접 지각과 직접 지각

1. 간접 지각	(1) 인지심리학 근거 (2) 환경 정보는 내적 추론 과정으로 획득 (3) 운동제어는 중추신경계 처리 과정이 반드시 필요한 것으로 가정	
2. 직접 지각 : 깁슨 (Gibson, 1979)	(1) 정보는 광학적 흐름의 구조적 특성 그 자체	① 구체화된 광학적 배열은 수행자가 환경 특성을 직접적으로 지각할 수 있도록 하는 시·공간적 정보 제공 ② 동작 유도에 필수적인 시각정보 제공 ③ 빛은 의미 있는 정보
	(2) 환경 정보에 대한 내적반영 표상 없이 환경 지각	
	(3) 직접 지각은 지각과 동작 간 상호 순환적이며 상호 보완적인 관계로 형성 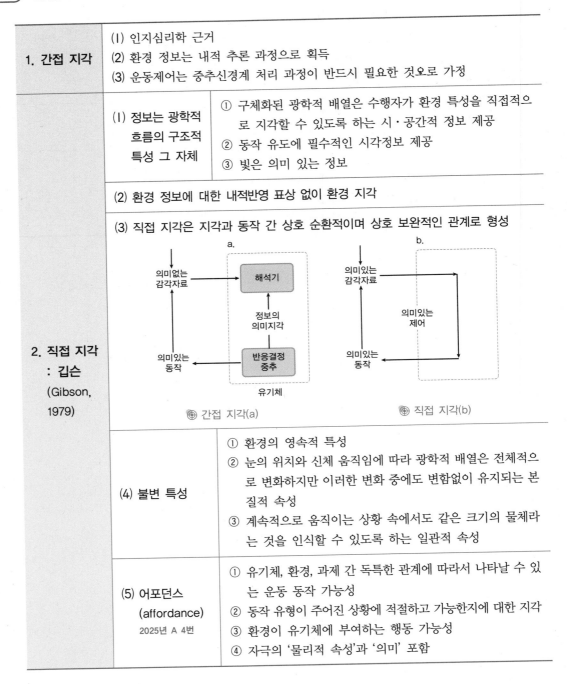	
	(4) 불변 특성	① 환경의 영속적 특성 ② 눈의 위치와 신체 움직임에 따라 광학적 배열은 전체적으로 변화하지만 이러한 변화 중에도 변함없이 유지되는 본질적 속성 ③ 계속적으로 움직이는 상황 속에서도 같은 크기의 물체라는 것을 인식할 수 있도록 하는 일관적 속성
	(5) 어포던스 (affordance) 2025년 A 4번	① 유기체, 환경, 과제 간 독특한 관계에 따라서 나타날 수 있는 운동 동작 가능성 ② 동작 유형이 주어진 상황에 적절하고 가능한지에 대한 지각 ③ 환경이 유기체에 부여하는 행동 가능성 ④ 자극의 '물리적 속성'과 '의미' 포함

3. 간접 지각과 직접 지각에 대한 논쟁 : 레프러시망(통합적 접근)

운동시스템 접근	• 인지심리학 • 아담스(Adams, 1971) 폐쇄회로 이론, 슈미트(Schmidt, 1975)의 도식 이론, 운동 프로그램 이론 • 가설적인 위계 구조를 강조하는 정보처리 관점 반영
동작시스템 접근	• 현대 물리학, 생태심리학 • 깁슨(Gibson, 1950)의 생태학적 관점, 번스타인(Bernstein) 다이나믹 관점 포함 • 움직임에 대한 정보의 직접적 처리 • 중추 표상 없는 움직임 제어 주장

03 지각 – 동작 결합과 운동기술 수행

1. 자세제어		
2. 이동운동	(1) 운동시스템 접근	걷기와 달리기가 서로 다른 일반화된 운동 프로그램에 의해 제어
	(2) 동작시스템 접근	신체적 특성과 환경 조건에 따라 자기 조직화된 안정적인 움직 임 상태를 이루기 위해 발생
3. 멀리뛰기	멀리뛰기 선수는 발구름판에 대한 접촉 시간정보를 사용하여 보폭조절 생성 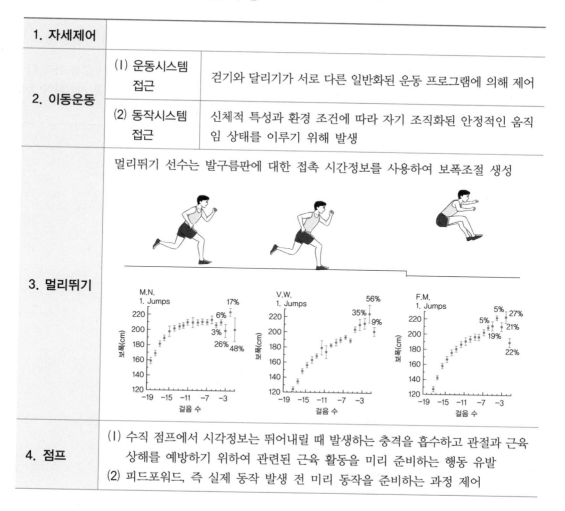	
4. 점프	(1) 수직 점프에서 시각정보는 뛰어내릴 때 발생하는 충격을 흡수하고 관절과 근육 상해를 예방하기 위하여 관련된 근육 활동을 미리 준비하는 행동 유발 (2) 피드포워드, 즉 실제 동작 발생 전 미리 동작을 준비하는 과정 제어	

5. 캐칭	(1) 정보처리 관점		공의 비행에 대한 정보가 시간적으로 단절되어 불연속적으로 처리	
	(2) 생태학적 관점		① 지각 과정에 필요한 정보가 광학적 흐름을 통하여 획득 ② 광학적 흐름을 통하여 날아오는 물체의 속성 및 비행 특성 등에 관한 구조적 형태 파악 ③ 시각정보는 망막에 맺힌 상이 광학적 흐름에 따라 연속적으로 처리	
6. 치기	(1) 야구		야구 배트와 공이 접촉하는 타이밍에 대한 시각적 제어	
	(2) 탁구	초보자	공의 속도가 빨라짐에 따라 타우값의 가변성 증가	
		숙련자	모든 속도조건에서 비교적 일정한 타우값을 가져 다양한 조건에서 일관적인 접촉 시간정보를 파악하여 동작 안정성 증가	

01 운동학습의 개념

1. 운동학습의 정의

(1) 다양한 정의와 특성	① 정의	⊙ 정보처리	과제 수행에 필요한 운동 프로그램의 적절한 형성과 기억 체계 도식화와 효율적인 도식의 재구성 과정
		ⓒ 다이나믹 시스템	효율적인 협응구조 형성 과정으로 환경과 주어진 과제 특성적 변화에 대처할 수 있는 적응성 향상의 과정
		ⓒ 생태학적 관점	지각-운동 활동영역 내에서 과제와 환경적 요구에 일치하도록 하는 지각과 동작 간 협응구조 형성 과정
	② 특성	⊙ 운동수행을 위한 개인 능력의 비교적 영구적인 변화를 유도하는 과정 ⓒ 직접적인 관찰 불가능 ⓒ 연습과 경험을 동반하며 일시적 수행 변화(성숙과 동기, 훈련)는 제외	
(2) 운동학습과 운동수행 곡선	학습		수행
	• 직접적 관찰 불가능 • 비교적 영구적 • 연습과 경험에 의함		• 직접적 관찰 가능 • 일시적 • 특정한 목적에 의함

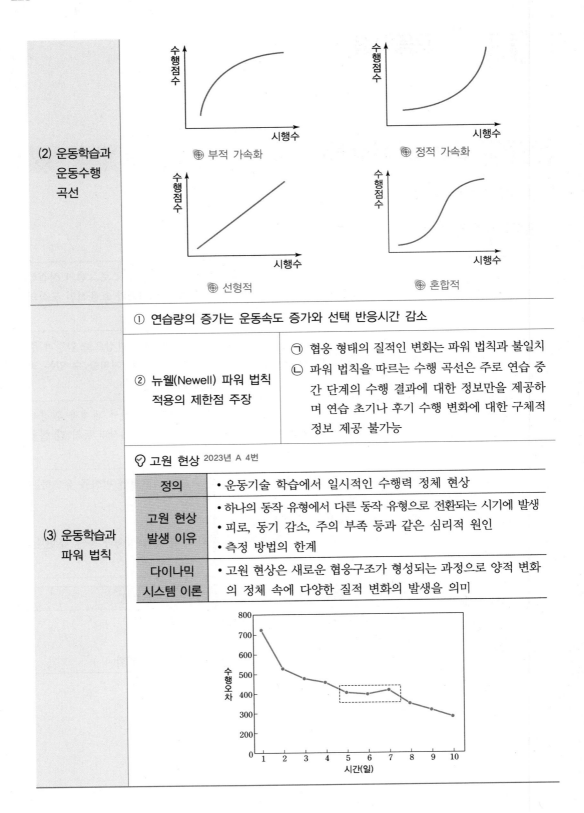

(2) 운동학습과 운동수행 곡선	

⊕ 부적 가속화 ⊕ 정적 가속화

⊕ 선형적 ⊕ 혼합적

(3) 운동학습과 파워 법칙	① 연습량의 증가는 운동속도 증가와 선택 반응시간 감소	
	② 뉴웰(Newell) 파워 법칙 적용의 제한점 주장	㉠ 협응 형태의 질적인 변화는 파워 법칙과 불일치 ㉡ 파워 법칙을 따르는 수행 곡선은 주로 연습 중간 단계의 수행 결과에 대한 정보만을 제공하며 연습 초기나 후기 수행 변화에 대한 구체적 정보 제공 불가능

♡ 고원 현상 2023년 A 4번

정의	• 운동기술 학습에서 일시적인 수행력 정체 현상
고원 현상 발생 이유	• 하나의 동작 유형에서 다른 동작 유형으로 전환되는 시기에 발생 • 피로, 동기 감소, 주의 부족 등과 같은 심리적 원인 • 측정 방법의 한계
다이나믹 시스템 이론	• 고원 현상은 새로운 협응구조가 형성되는 과정으로 양적 변화의 정체 속에 다양한 질적 변화의 발생을 의미

2. 운동학습의 과정

(1) 움직임 역동성에 대한 지각	① 뉴웰(Newell)의 신체의 움직임 분류 절대적 운동 공통적 운동 상대적 운동 <table><tr><td>⊙ 절대적 운동</td><td>움직임에 동원되는 자유도 각각의 시·공간적 움직임</td></tr><tr><td>ⓛ 상대적 운동</td><td>다른 사지 분절 움직임에 대한 특정 사지 분절의 상대적 움직임</td></tr><tr><td>ⓒ 공통적 운동</td><td>시간의 흐름에 따라 모든 자유도가 동원된 시스템 전체의 움직임</td></tr></table> ② 인간은 환경 속에서 상대적 운동을 가장 잘 지각하며 상대적 운동특성으로 운동동작 구별 ③ 움직임 질적 형태는 절대적 운동으로 파악
(2) 오류 수정	
(3) 자동화와 안정성 획득	① 수행 안정성은 운동 숙련성 평가 기준으로 다양한 상황에서 기술 수준의 유지 능력 의미 ② 안정성에 부정적인 영향을 주는 피로, 내·외적 요인에 대하여 효과적으로 대처하는 능력인 전환 능력은 다양한 상황에 대한 연습으로 획득

3. 운동 학습의 단계 1999년 3번 / 2006년 16번 / 2011년 23번

(1) 피츠와 포스너(Fitts & Posner)의 단계(정보처리 관점)

① 인지 단계	㉠ 운동기술의 특성 이해와 과제 수행의 전략 개발 ㉡ 다양한 감각 기관을 통해 유입되는 수많은 정보 활용의 단계 ㉢ 동료와 지도자의 시범, 언어적 설명, 연습을 통해 학습자 자신이 느끼게 되는 감각 정보 포함 ㉣ 운동수행의 일관성 부족 아담스(Adams)의 언어 – 운동 단계와 일치
② 연합 단계	㉠ 과제 수행의 전략 선택 ㉡ 잘못된 수행에 대한 적절한 해결책 발견 능력의 신장 ㉢ 상황에 따른 동작 대처 능력 발달 ㉣ 과제 요구에 따라 동작의 형태를 수정하는 적응력 배양 ㉤ 연합 단계에서 교사 지도에 제공되는 언어적인 정보는 효과 미비 아담스(Adams)의 운동 단계와 일치
③ 자동화 단계	㉠ 움직임 자체에 대한 의식적 주의 감소 ㉡ 상대 선수 움직임, 환경, 물체 등과 같은 운동기술의 다른 측면으로 주의 전환 가능 ㉢ 수행 안정성 획득과 오류 탐지와 수정 능력 획득 ㉣ 지도자의 질적인 정보 제공

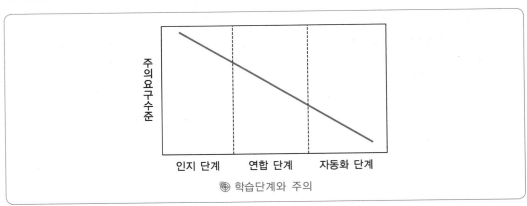

◉ 학습단계와 주의

(2) 젠타일(Gentile)의 단계(목표)

① 움직임 개념 습득 단계	㉠ 운동기술 목표 달성을 위해 요구되는 적절한 움직임 형태 이해 ㉡ 움직임 형태와 환경적 특징 구분 ㉢ 환경 조건 파악		
		조절 조건	날아오는 공의 궤적, 회전 유무 등 동작에 직접적인 영향을 미치는 환경적 조건
		비조절 조건	공의 색깔, 주변 배경 등 운동수행에 직접적인 영향을 주지 않는 환경 조건
② 고정화 및 다양화 단계	㉠ 폐쇄 운동기술	고정화하여 안정성 획득 연습	
	㉡ 개방 운동기술	다양화하여 변하는 환경과 동작 요구에 적합한 움직임 적응 연습	

(3) 번스타인(Bernstein)의 단계(자유도 활용 정도)

① 자유도 고정 단계	㉠ 자유도 수 감소	• 수행에 동원되는 모든 관절 각도의 일정한 유지 • 2개 이상의 관절 움직임을 시간적으로 제한하여 완전히 일치된 움직임 유도
	㉡ 제어해야 할 역학적인 자유도의 수를 효과적으로 감소시켜 움직임과 관련된 수많은 요소의 단순화	
	㉢ 동작 가변성이 감소되어 다양한 환경 변화에 대한 움직임 불가능	
② 자유도 풀림 단계	㉠ 사용 가능한 자유도 수 증가와 결합으로 동작에 필요한 하나의 기능적 단위 형성 ㉡ 동작과 관련된 운동 역학적 요인, 근육의 공동 작용, 관절 상호 움직임 등의 변화를 통하여 다양한 환경요구에 대한 적응 유도 ㉢ 환경과 과제 특성에 따른 운동 수행의 다양성 확보	
③ 반작용의 활용 단계	㉠ 수행자와 환경 간 상호작용으로 관성이나 마찰력과 같은 반작용 활용 가능 ㉡ 수많은 여분의 자유도 활용 ㉢ 학습자는 지각과 동작의 역동적인 순환 관계를 끊임없이 수정하여 변화하는 환경 적응	

(4) 뉴웰(Newell)의 단계(협응구조 발달)

① 협응 단계	㉠ 목표 달성에 필요한 기본적 협응동작 형성 과정 ㉡ 번스타인(Bernstein) 자유도 고정 단계와 풀림 단계 포함
② 제어 단계	㉠ 매개변수화로 다양하게 변화하는 환경과 과제 특성에 따라 협응형태 전환 가능 ㉡ 수행의 효율성 향상

Fitts & Posner	Bernstein	Adams	Gentile	Newell	Vereijken	Schmidt& Wrisberg
인지	자유도 고정	언어-운동	움직임의 개념 습득	협응	초보	언어-인지
연합	자유도 풀림	운동	고정화 및 다양화		향상	언어-운동
자동화	반작용 활용			제어	숙련	자동화

02 운동학습의 이론적 설명

1. 중추적 표상과 운동학습

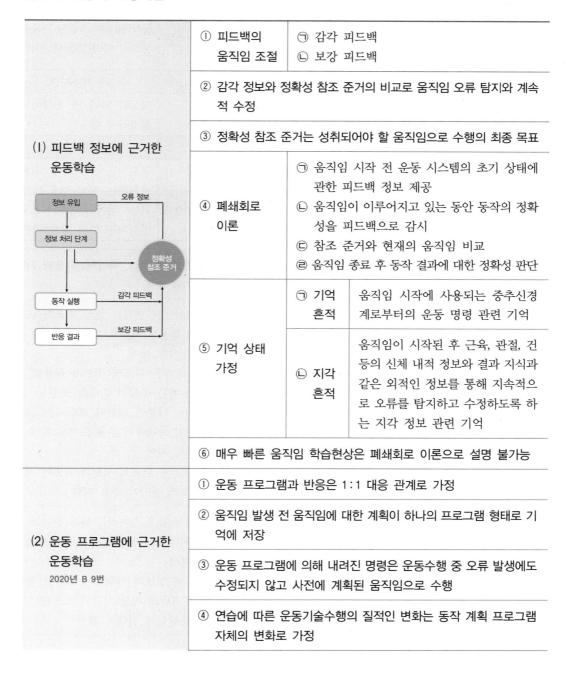

(1) 피드백 정보에 근거한 운동학습	① 피드백의 움직임 조절	㉠ 감각 피드백	
		㉡ 보강 피드백	
	② 감각 정보와 정확성 참조 준거의 비교로 움직임 오류 탐지와 계속적 수정		
	③ 정확성 참조 준거는 성취되어야 할 움직임으로 수행의 최종 목표		
	④ 폐쇄회로 이론	㉠ 움직임 시작 전 운동 시스템의 초기 상태에 관한 피드백 정보 제공	
		㉡ 움직임이 이루어지고 있는 동안 동작의 정확성을 피드백으로 감시	
		㉢ 참조 준거와 현재의 움직임 비교	
		㉣ 움직임 종료 후 동작 결과에 대한 정확성 판단	
	⑤ 기억 상태 가정	㉠ 기억 흔적	움직임 시작에 사용되는 중추신경계로부터의 운동 명령 관련 기억
		㉡ 지각 흔적	움직임이 시작된 후 근육, 관절, 건 등의 신체 내적 정보와 결과 지식과 같은 외적인 정보를 통해 지속적으로 오류를 탐지하고 수정하도록 하는 지각 정보 관련 기억
	⑥ 매우 빠른 움직임 학습현상은 폐쇄회로 이론으로 설명 불가능		
(2) 운동 프로그램에 근거한 운동학습 2020년 B 9번	① 운동 프로그램과 반응은 1:1 대응 관계로 가정		
	② 움직임 발생 전 움직임에 대한 계획이 하나의 프로그램 형태로 기억에 저장		
	③ 운동 프로그램에 의해 내려진 명령은 운동수행 중 오류 발생에도 수정되지 않고 사전에 계획된 움직임으로 수행		
	④ 연습에 따른 운동기술수행의 질적인 변화는 동작 계획 프로그램 자체의 변화로 가정		

(2) 운동 프로그램에 근거한 운동학습 2020년 B 9번	⑤ 슈미트 (Schmidt) : 일반화된 운동 프로그램 2020년 B 9번	불변 매개변수	가변 매개변수
		요소의 순서	근육 선택
		반응 생성에 선택되었거나 인출된 반응 단위의 순서를 배열하는 과정	동작 생성에 관련된 근육은 동작에 따라 다르게 선택
		시상	전체 지속시간
		근수축의 시간적 구조	시상과 달리 매 동작마다 일정하지 않음
		상대적인 힘	전체 힘
		근육이 활동하는 데 필요한 전체 힘의 양을 선택된 각 근육에 적절한 비율로 분배하는 과정	동원되는 근수축에 의해 발휘되는 힘의 양을 조절하는 것이며 전체적으로 발휘되는 힘의 양은 가변

⑥ 가변 매개변수의 조합으로 동작의 다른 유형 생성, 즉 연습을 통해 가변 매개변수 값의 최적화로 효율적 운동기술 발현

(3) 도식 이론 2023년 A 4번	① 도식 유형	㉠ 회상도식	• 과거의 반응명세를 실제 결과와 비교하여 형성한 계획으로 운동 반응의 시작과 실행 제어 • 회상도식은 피드백 정보가 작용할 수 없는 빠른 운동의 절대적 조절 • 200ms 이상의 시간이 요구되는 느린 움직임 과제에서 운동 초기는 회상 도식으로 제어 • 최초 운동 반응의 시작과 피드백 정보가 오기 전까지 중요 역할
		㉡ 재인도식	• 정확성 참조 준거라는 과거 결과와 감각 귀결, 최초 조건 등의 관계를 바탕으로 형성 • 피드백 정보와 비교하여 오류를 평가하며 200ms 이상 시간이 소요되는 모든 움직임에 절대적 관여

② 도식 이론 한계점	㉠ 기억 용량
	㉡ 신형 문제

(3) 도식 이론

2023년 A 4번

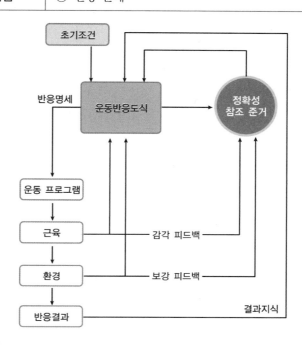

📍 도식 이론의 운동수행 정보의 근원

① 초기 조건	• 운동수행 전 환경 조건과 자신에 관한 정보
② 반응명세	• 의도하는 운동 성취에 필요한 변수 • 속도, 힘, 동작의 크기, 공간적 특성과 동작명세의 설정 정보
③ 감각귀결	• 반응으로부터 만들어진 시각, 청각, 촉각, 운동 감각 등에 의한 감각 피드백 정보
④ 실제 결과	• 의도하였던 운동에 대한 성공이나 실패와 같은 운동 결과에 대한 정보

2. 탐색 전략을 통한 운동학습

(1) 탐색 전략과 지각 – 운동 활동 영역	① 뉴웰(Newell) 운동학습	⊙ 제한요소(환경, 유기체, 과제)가 일치되는 방식으로 지각과 동작 협응 정도의 향상 과정 ⓒ 새로운 운동기술에서 발생하는 운동 문제를 효과적으로 해결하기 위해 과제에 가장 적절한 지각 단서와 운동 반응 탐색
	② 탐색 전략	⊙ 환경과 과제 특성에 부합하는 지각 정보와 운동 정보의 상호순환 체계가 형성되는 지각 – 운동 활동 영역 탐색 과정 ⓒ 정보 순환 체계와 동작 운동 순환 체계 간 역동적 공유 ⓒ 학습 진행에 따라 과제 특성과 환경 변화에 적합한 새로운 지각– 동작 결합 형성
(2) 탐색 전략을 통한 협응구조의 형성	 ① 학습자는 환경이 제공하는 유용한 정보와 과제 특성에 대한 정보를 지각하여 지각 – 운동 활동영역 내에서 최적의 협응 형태 구성 ② 학습자, 환경, 과제 간의 상호 보완적인 연결 체계 속에서 운동기술의 협응과 제어가 이루어지는 것이 반복되면 수많은 신체 시스템 내에 존재하는 자유도가 효율적으로 조직됨 ③ 운동학습 과정에서 나타나는 기술 수행 향상은 환경의 변화에 따라 역동적으로 변하는 지각 – 운동 활동 영역 탐색의 과정에서 발생	
(3) 폼의 변화	① 운동학습 과정은 제한 요소의 공동 작용을 통해 나타나는 폼의 변화 과정으로 인식 ② 협응 형태의 안정성 획득 과정	

Section 08 운동학습의 실제

01 운동기술의 연습계획

1. 연습계획 준비와 연습의 일반적 고려사항

(I) 연습계획 준비	① 학습자 특성	㉠ 인지적 능력 ㉡ 신체 발달 ㉢ 성별	
	② 학습과제 제시	학습 초기 과제를 직접 눈으로 관찰하도록 제시, 즉 단서 중요	
		㉠ 숙련자 시범 (Scully & Newell, 1985)	• 학습자가 새로운 운동기술을 배울 때 유용 • 운동기술 연습 이전에 정확한 동작을 수행하는 시범을 관찰하는 것은 학습에 도움 • 폼의 질적 변화를 위한 단서
		㉡ 초보자 시범 (Lee & White, 1990)	• 새로운 운동기술 학습에 효과적 • 문제 해결을 위한 오류 탐지 능력 강화
		㉢ 동료 시범	• 학습자 자신의 능력에 대한 자신감 향상 • 운동기술 학습과 지속적인 운동에 참여할 수 있도록 하는 데 중요
	③ 동기유발	㉠ 흥미 조성 ㉡ 목표설정	
	④ 보강정보	㉠ 영상자료, 바이오피드백, 언어적 보강정보 활용 ㉡ 학습자 스스로 단서를 찾을 수 있는 기회 제공	

(2) 일반적 연습의 고려	① 연습계획 조직 고려사항	㉠ 연습 구간의 시간과 빈도 ㉡ 연습 활동 유형 ㉢ 연습 순서 ㉣ 실제 연습에 할당된 시간	
	② 연습 조건 제시		
	③ 연습의 가변성	다양한 움직임과 다양한 환경 경험 제공	
	④ 운동기술 특성	㉠ 폐쇄운동 관중의 환호나 야유의 가상 상황 제공 ㉡ 개방운동 다양한 환경변수 제공	

2. **연습의 구성** 2005년 12번 / 2007년 추가 13번 / 2008년 12번 / 2012년 21번 / 2016년 A 5번 / 2018년 A 13번 / 2019년 B 6번 / 2022년 A 10번

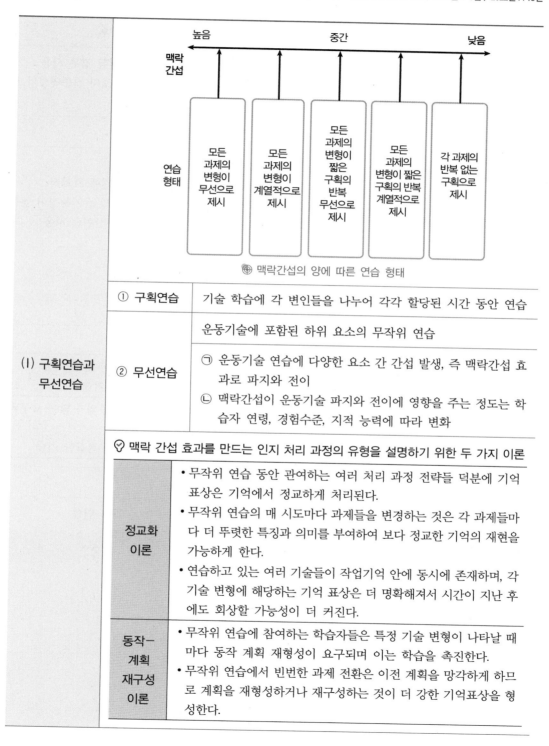

⊕ 맥락간섭의 양에 따른 연습 형태

(1) 구획연습과 무선연습	① 구획연습	기술 학습에 각 변인들을 나누어 각각 할당된 시간 동안 연습
	② 무선연습	운동기술에 포함된 하위 요소의 무작위 연습
		㉠ 운동기술 연습에 다양한 요소 간 간섭 발생, 즉 맥락간섭 효과로 파지와 전이
		㉡ 맥락간섭이 운동기술 파지와 전이에 영향을 주는 정도는 학습자 연령, 경험수준, 지적 능력에 따라 변화

♡ 맥락 간섭 효과를 만드는 인지 처리 과정의 유형을 설명하기 위한 두 가지 이론

정교화 이론	• 무작위 연습 동안 관여하는 여러 처리 과정 전략들 덕분에 기억 표상은 기억에서 정교하게 처리된다. • 무작위 연습의 매 시도마다 과제들을 변경하는 것은 각 과제들마다 더 뚜렷한 특징과 의미를 부여하여 보다 정교한 기억의 재현을 가능하게 한다. • 연습하고 있는 여러 기술들이 작업기억 안에 동시에 존재하며, 각 기술 변형에 해당하는 기억 표상은 더 명확해져서 시간이 지난 후에도 회상할 가능성이 더 커진다.
동작-계획 재구성 이론	• 무작위 연습에 참여하는 학습자들은 특정 기술 변형이 나타날 때마다 동작 계획 재형성이 요구되며 이는 학습을 촉진한다. • 무작위 연습에서 빈번한 과제 전환은 이전 계획을 망각하게 하므로 계획을 재형성하거나 재구성하는 것이 더 강한 기억표상을 형성한다.

(2) 집중연습과 분산연습	연습과 휴식의 상대적 시간에 따른 분류	
	① 집중연습	연습시간이 휴식시간보다 상대적으로 긴 경우 ⊙ 많은 양의 연습으로 수행력 증가를 기대할 경우 사용 ⓒ 일반적으로 불연속 운동기술은 분산연습보다 집중연습이 효과적
	② 분산연습	휴식시간이 연습시간보다 상대적으로 긴 경우 ⊙ 질적인 연습에 사용 ⓒ 시합 전 선수의 긍정적인 심리 상태 증진에 효과적 ⓒ 위험성 높은 과제, 수행자 피로로 부상 발생 가능성이 높은 경우에는 불연속적인 운동기술이라도 분산연습 사용 ⓔ 초보자의 복잡한 운동기술 학습 ⓜ 임상 치료 상황의 환자 ⓗ 인지적 노력이 요구되는 활동의 재학습
(3) 전습법과 분습법	과제를 제시하는 방법에 따른 분류	
	운동기술의 특성 고려	
	조직화	• 운동기술을 구성하고 있는 요소 간 관련성이 높은 기술 • 운동기술 하위 요소 간 상호의존성이 높은 기술
	복잡성	• 과제에 대한 정보처리 요구의 정도가 높아 주의가 많이 요구되는 기술 • 해당 기술에 필요한 하위 요소의 수가 많은 복잡한 기술
	① 전습법	과제를 한 번에 전체적으로 학습 ⊙ 복잡성이 낮고, 조직성 정도가 높은 과제 연습 농구 드리블 ⓒ 연습자 능력 우수 ⓒ 연장자인 학습자 ⓔ 동기유발에 시간과 노력이 요구되는 과제 ⓜ 일반적으로 분산법일 경우 전습법 유리

		운동기술 요소를 하위 단위로 나누어 학습	

운동기술 요소를 하위 단위로 나누어 학습

㉠ 복잡성이 높고 조직성 정도가 낮은 과제 연습

> **마루 운동**

㉡ 연습 시초에는 분습법, 연습이 진행됨에 따라 전습법으로 전환
㉢ 인지와 신체적 장애자 학습
㉣ 일반적으로 집중법일 경우 분습법 유리

(3) 전습법과 분습법	② 분습법	㉤ 계획	• 분절화

분절화에 의한 분습법 유형	
순수	각 부분을 연습한 후, 전체 기술을 종합적으로 연습 ◉ 순수 분습법
반복적	첫 부분 연습 ➡ 첫 부분과 후속하는 부분 연결 연습 ◉ 반복적 분습법
점진적	운동기술 중 첫 번째 요소와 두 번째 요소를 각각 연습 ➡ 두 요소를 결합하여 연습 ➡ 전체 기술 습득 ◉ 점진적 분습법

(3) 전습법과 분습법	② 분습법	㉣ 계획	• 단순화	과제 요소를 줄여 난이도, 복잡성을 낮추는 방법
				야구의 타격을 연습할 때, 투수 대신 피칭머신 또는 티배팅
			• 부분화	운동 과제에 포함되는 하위 요소를 하나 또는 둘 이상으로 분리하여 각각 연습
				테니스에서 포핸드 스트로크 후 백핸드 스트로크 연습, 배구에서 리시브, 토스, 서브 등을 구분하여 연습

3. 효과적인 연습 기법 2012년 21번 / 2021년 A 12번

(1) 가이던스 기법 – 살모니, 슈미트와 월터 (A. Salmoni, R. Schmidt, & C. Walter)	① 신체, 언어, 시각적 방법을 사용하여 운동수행에 직접적으로 도움을 제공하는 과정	
	② 가이던스 기법 목적	㉠ 수행 오류 감소 ㉡ 위험한 동작에 대한 두려움 감소와 부상 예방
	③ 재활 치료에 활용	
	④ 과도한 사용은 학습자가 가이던스에 지나치게 의존하는 현상이 발생하며, 가이던스가 제거되었을 때 수행 정도가 현격하게 감소할 수 있음	
(2) 정신연습	① 운동 과제의 인지적인 요소에 더 많은 긍정적 영향 제공 ② 운동학습의 초기단계와 숙련단계에 효과적	
(3) 과학습	① 수행목표 도달에 필요 이상의 연습 지속 ② 적절한 과학습은 파지 효과 증진 ③ 과도한 과학습은 학습자 집중력 약화로 수행 능력 저하	

02 운동학습과 보강 피드백

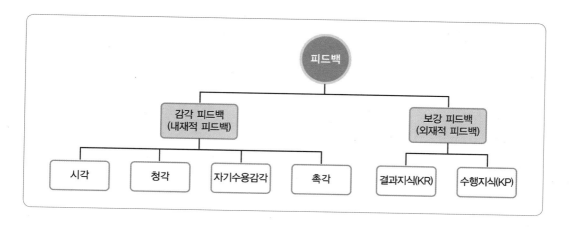

1. 피드백의 개념	(1) 구분	① 감각 피드백	㉠ 근육, 건, 관절 등에 위치한 수용기에서 발생한 운동감각 정보 ㉡ 시각적 정보, 촉각, 압력 감지
		② 보강 피드백	㉠ 교사나 코치, 동료, 영상매체 등을 통해 외부로부터 제공되는 정보 ㉡ 보강 피드백 특징 • 언어·비언어의 형태 • 움직임이 진행되는 동안이나 완료된 후 제공 • 움직임의 결과와 움직임 유형 자체에 대한 정보
	(2) 일반적으로 운동학습 초기 단계에서 보강 피드백 효과성 증가		
2. 보강 피드백의 분류 2015년 A 5번	(1) 지식 형태	① 수행지식	㉠ 동작 유형에 대한 정보 ㉡ 폼에 대한 질적 정보 ㉢ 동작 패턴, 속도와 관련된 운동학적 정보
		② 결과지식	움직임 결과에 대한 정보
	(2) 뉴웰(Newell) 범주화	① 처방 정보	㉠ 성취되고 완료된 움직임에 대한 운동학적 정보 ㉡ 언어적 설명과 시범
		② 정보 피드백	수행한 역동적 움직임의 이전 상태 또는 현재 상태에 대한 정보
		③ 전환 정보	협응 형태에 대한 지각 - 운동 활동 영역의 탐색을 활성화시키는 제어 변수 정보
3. 보강 피드백 제공 원리 2002년 8번	(1) 학습자의 현재 기술 수준과 정보처리 능력 고려 (2) 운동기술 유형과 학습자 특성에 따라 다양한 형태 제공 (3) 초기에는 상대빈도를 높게, 후기에는 점차 점감하여 빈도 조절		

03 보강 피드백의 제공

1. 수행지식 제공	(1) 언어적 설명 (2) 영상 자료 활용 (3) 바이오 피드백		
2. 결과지식 제공 2010년 19번 / 2013년 2차 2번 / 2020년 B 9번	(1) 제시 빈도	① 결과지식의 빈도	
		상대빈도	전체 시행 수에 대한 결과지식 빈도수의 백분율
		절대빈도	결과지식의 총 제시 수
		② 결과지식의 제시방법	
		점감결과 지식	• 결과지식의 상대빈도를 획득단계에서는 높이고 후기단계는 점차 감소 • 피드백에 대한 의존성을 낮추어 능동적 동작 생성 유도
		요약결과 지식	• 피드백을 제공하지 않다가 일정한 시행 수가 지난 후 정보를 요약하여 제공 • 단순한 과제 학습의 파지에 효과적
		평균결과 지식	• 교수 – 학습 상황에서 학습자 행동 관찰과 학습자의 특성을 파악하여 효율적인 정보 제공 • 정적인 힘 생성과 관련된 과제 수행력 향상에 효과적
	(2) 지식의 정밀성	① 학습자 학습량 고려 ② 학습 후기로 갈수록 세밀한 결과지식 제공	
	(3) 수용범위 결과지식	① 수행에 오류가 있을 때 제공되는 보강 피드백 ② 수용범위를 벗어났을 때의 정보 제공 ③ 수용범위는 목표에 대한 오류의 범위 ④ 운동기술 수행과 파지 증진 ⑤ 역 수용범위 결과지식은 수용범위 내에 나타나는 수행 오류에 대한 정보 제공	
	(4) 제시 시기	① 오류에 대한 수정 과정을 인지적으로 처리할 수 있는 충분한 시간 지연 후 제공 ② 결과 지식에 대한 적절한 지연 간격 결정	

3. 피드백의 새로운 형태 2005년 13번	(1) 학습자 요구와 상태에 따른 교사와 학습자 간 상호 의사전달 과정	
	(2) 자기통제 피드백 — 치비아콥스키와 볼프 (Chiviacowsky & Wulf)	① 상호작용 강조, 즉 학습자 스스로 필요하다고 생각되는 정보를 교사에게 요구하여 획득 ② 정보를 처리하는 학습자 인지적 노력 강조 ③ 능동적·인지적 처리 과정 동반 ④ 학생의 자기조절능력 신장
	(3) 뉴로 피드백	① 뇌파 측정으로 인지 - 행동과 관련된 신경 활동정보 제공 ② EEG 사용으로 신경생리적 신호 측정 제공

Section 09 운동학습의 평가와 활용

01 연습 효과와 기술 평가

1. 운동기술의 연습 효과	(1) 근수축과 인지적 요인의 효율성 변화	① 동작에 동원되는 근육 양 감소, 적절한 협응 형태 형성, 에너지 소비 감소, 근수축 효율성 증가 ② 시각정보 활용 능력 향상, 상황에 적합한 동작 생성 ③ 과제에 대한 의식 집중의 요구 감소, 능숙한 협응 동작 발현 ④ 인지적 요인의 다양한 변화
	(2) 운동협응 변화	① 안정된 협응 형성으로 새로운 폼 학습 ② 운동기술 학습 과정은 새로운 안정 상태를 찾아가는 과정과 동일 ③ 불안정성은 협응 형태의 구조적 변화 과정으로의 전환 반영
2. 운동기술 학습 평가	(1) 운동 결과 평가 (2) 운동기술과 기술유형 평가 (3) 운동기술 수행과 관련된 요소 분석	

02 운동학습과 파지

1. 파지의 개념

(1) 개념	① 연습으로 향상된 운동기술의 수행력을 오랫동안 유지할 수 있는 능력 ② 학습의 직접 측정이 불가능하여 파지 검사 필요 ③ 파지 검사는 시간 간격이 충분히 길수록 정확한 평가 가능	
(2) 파지에 대한 이론 설명	① 정보처리 관점	㉠ 기억의 부호화와 원활한 인출 ㉡ 움직임과 동작에 대한 기억 표상이 운동기술 파지와 밀접 ㉢ 동작 재생 능력
	② 다이나믹 관점	자유도의 문제와 관련하여 과제와 환경, 유기체 간 밀접한 상호관련 속에서 운동기술학습에 필수적인 요소 특성 파악
	③ 뉴웰(Newell) 제한 요소의 변화	

2. 파지의 영향 요인

(1) 운동 과제 특성	① 복잡한 과제는 학습에 오랜 시간이 걸리지만 학습의 파지력 증가 ② 단순한 과제 학습은 쉽게 이루어지지만 빠른 망각 ③ 연속 제어가 요구되는 기술은 높은 파지율 생성 ④ 불연속적, 계열적 기술은 낮은 파지율 생성
(2) 환경 특성	① 환경 제한요소에 대한 적응 여부 ② 교사나 코치는 운동기술 획득과 파지에 적합한 학습환경 제공
(3) 학습자의 특성	① 인지 ② 신체 ③ 사전학습
(4) 연습과 파지	① 질적 학습의 변화를 극대화하여 높은 파지율 생성을 위한 연습계획 ② 운동기술 필수요소에 대한 연습 구성과 학습자 수준에 적합한 연습량 제시 ③ 맥락간섭은 파지에 긍정적인 영향 제공

3. 파지 점수 _{2009년 22번}

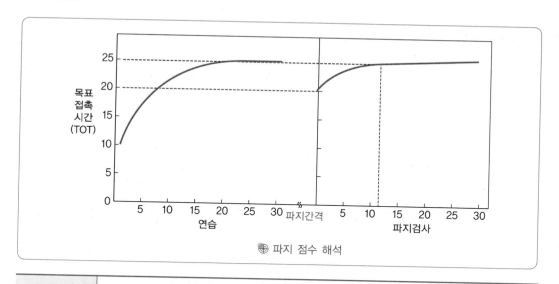

◈ 파지 점수 해석

(1) 절대파지 점수	① 연습시행이 끝나고 일정한 파지기간이 지난 후 실시되는 파지검사에서 얻은 첫 번째 점수 절대파지 점수 20점 ② 절대파지 점수는 연습 단계에서 획득한 정보의 보유량 반영 ③ 파지 간격 동안 파지 손실 정도에 대한 파악 불가능	
(2) 상대파지 점수	① 차이 점수	㉠ 연습 마지막 시행에서 얻은 점수와 파지검사 최초 시행 점수 간의 차이 연습시행의 마지막 시행 점수 25초, 파지시행의 최초 시행 점수 20초, 따라서 차이 점수 5초 ㉡ 파지 간격에서 과제 관련 정보 유지와 손실 정도 파악
	② 백분율 점수	연습시행 동안 나타난 수행 점수 변화량에 대한 차이 점수의 백분율 연습시행 동안 수행 점수의 변화 15초(25초-10초), 차이 점수 5초, 따라서 백분율 점수 5/15×100=33.3%
	③ 저장 점수	㉠ 연습 마지막 시행에서 얻은 점수에 도달하기까지 걸린 파지검사 시행 수 연습시행의 마지막 수행 점수 25초에 도달한 파지검사 12시행 ㉡ 기술 회복 능력 반영

03 운동학습과 전이

1. 전이의 형태 2003년 8번 / 2013년 27번 / 2018년 A 13번

(1) 정적 전이	① 운동기술 요소의 유사성	㉠ 운동기술의 요소나 수행 상황이 유사할수록 학습의 정적전이 발생	
		㉡ 손다이크(E. Thorndike)의 동일요소 이론	• 운동기술과 운동수행 상황의 일반 적 특성을 '요소'로 파악 • 운동기술과 운동수행에 관여하는 동일 요소 간의 유사성이 높을수록 정적전이 발생
		㉢ 운동기술 자극과 반응이 유사할수록 운동기술 간 정적전이 발생	
	② 처리과정의 유사성	㉠ 연습 조건에서 인지적 과정이 전이 조건과 유사할수록 정적전이 발생(Shea, 1979) ㉡ 학습자가 적극적으로 문제해결 활동에 참여하였을 때 효과적 정 적전이 생성 ㉢ 연습 조건에서 인지처리 활동이 유사할수록 정적전이 발생 ㉣ 과제 간의 유사성이 떨어질 경우에도 연습 과제와 전이 과제를 처 리하는 과정이 유사한 경우 정적전이 발생(Wickens, 1980) ㉤ 과제를 해결하려는 노력이 유사한 형태일 경우 처리 과정의 유사 성으로 인한 정적전이 발생	

전이적정처리(transfer appropriate processing)

가설의 핵심은 연습 조건이 특정한 인지 활동을 촉진시킬 수도 있고 방해할 수도 있다는 것이다. 즉, 연습 조건에서 나타나는 운동학습이나 운동수행의 인지적 과정이 전이 조건과 유사할수록 정적전이 효과가 발생하며, 학습자들이 운동기술의 학습이나 수행 과정에서 문제 해결 활동에 적극적으로 참여하였을 때 효과적인 전이 효과가 발생한다고 주장하고 있다.

(2) 부적 전이	① 획득하는 지각 정보의 특성은 유사하지만 움직임 특성이 다른 경우 발생 ② 야구 스윙과 골프 스윙과 같이 운동 상황은 비슷하지만 움직임 특성이 다른 경우 발생 ③ 동일 자극에 대한 반응에서 움직임의 공간적 위치가 변화할 때 발생 ④ 움직임 타이밍 특성이 변화할 때 발생 ⑤ 지각 특성은 유사하지만 새로운 형태의 움직임 학습 경우 ⑥ 지각과 동작의 연합을 새롭게 구성해야 하는 상황에서 발생

2. 전이의 측정

(1) 전이 검사	학습결과가 다른 과제나 다른 상황으로 활용 여부 확인	

	① 과제 내 검사	㉠ 수행하는 환경 조건만 달리하여 검사 ㉡ 서로 다른 연습 조건에서 수행한 후 같은 과제에 대한 수행치 비교 ㉢ 연습조건 A와 B에서의 수행력 비교와 C조건에서 수행력을 비교하여 연습 후 과제에 대한 수행력 향상 비교 ㉣ 저장 점수와 전이율을 통하여 과제 내 전이량 측정

집단	연습	수행
실험집단	A조건	C조건
통제집단	B조건	C조건

실험집단 전이율

$$= \frac{C_A - C_B}{C_A + C_B} \times 100$$

C_A : 실험집단의 C과제 첫 시행 점수

통제집단 전이율

$$= \frac{C_B - C_A}{C_A + C_B} \times 100$$

C_B : 통제집단의 C과제 첫 시행 점수

(2) 전이 검사 유형	② 과제 간 검사	㉠ 처음 습득한 기술과 전혀 다른 움직임 수행 검사 ㉡ 이전에 배운 경험이 새로운 수행에 미치는 영향 규명 ㉢ A과제 수행 경험이 B과제 수행과 학습에 미치는 영향 판단 ㉣ 전이율이 높을수록 A과제가 B과제 수행과 학습에 긍정적 영향을 제공한 것으로 해석

집단	연습	수행
실험집단	A과제	B과제
통제집단	×	B과제

$$전이율 = \frac{실험집단점수 - 통제집단점수}{실험집단점수 + 통제집단점수} \times 100$$

에빙하우스(Ebbinghaus) 절약점수

- 재학습 과정의 '효율성' 확인
- 파지와 전이기간 동안 초기 연습에 의해 달성되었던 숙련도에 도달하기까지 피험자에게 요구되는 시행횟수 측정
- 실험집단이 B과제를 20시행 만에 기준 점수 도달, 통제집단은 30시행으로 도달하였다면 절약점수는 10시행으로 계산

Section 10 운동능력과 숙련성

01 운동능력 이론

1. 다양한 기술 수행과 관련된 개인의 일반적인 특성

2. 일반 운동능력 가설

(1) 개인이 하나의 일반적 운동능력 소유
(2) 하나의 운동기술을 훌륭히 수행할 수 있으면 다른 운동기술도 성공적으로 수행

3. 헨리(Henry)의 특수성 가설

(1) 개인에게는 독립적인 수많은 운동능력이 있기 때문에 특정 능력 하나만으로 다른 과제에 대한 능력을 예측할 수 없다고 주장
(2) 반응시간과 운동시간의 독립적 관계

02 운동능력 분류

Fleishman(1972)은 11가지 지각-운동 능력을 인간이 모두 소유하고 있으며, 그들이 소유하고 있는 능력의 정도가 각각 다르기 때문에 운동기술을 수행하는 데 차이가 발생한다고 주장하였다.

능력	개념
사지 간의 협응 (multi-limb coordination)	사지 가운데 두 개 이상을 동시에 효율적으로 움직이는 능력
정확성 조절(control precision)	비교적 큰 신체 부위로 빠르고 정확한 움직임을 생성하는 능력
반응 정위 (response orientation)	여러 가지의 반응 가능성 중에 정확한 움직임을 빠르게 선택하는 능력
반응 시간(reaction time)	제시되는 하나의 자극에 빠르게 반응하는 능력
팔 움직임의 스피드 (speed of arm movement)	한 지점에서 다른 지점으로 팔을 빨리 움직이는 능력
속도 조절(rate control)	사지의 움직임 속도를 조절하여 환경의 변화에 따라 타이밍을 정확하게 맞추는 능력
손의 숙련(manual dexterity)	비교적 큰 물체를 조작하는 능력
손가락의 숙련(finger dexterity)	비교적 작은 물체를 조작하는 능력
팔-손의 안정 (arm-hand steadiness)	팔과 손을 정확하게 한 지점에 놓는 능력
손목-손가락 속도 (wrist-finger speed)	손가락과 손목을 빠르게 움직이는 능력
조준(aiming)	공간상에 있는 목표를 조준하는 능력

1. 플레시먼 (Fleishman) 의 분류 : 11가지 지각- 운동능력

	능력	개념
2. 플레시먼 (Fleishman) **의 분류** **: 9가지** **신체 효율성** **능력,** **신체 건강** **능력**	정적 근력(static strength)	외부의 물체에 대항하여 최대로 힘을 내는 능력
	동적 근력(dynamic strength)	반복적으로 힘을 내는 능력
	폭발 근력(explosive strength)	순간적으로 힘을 최대로 내는 능력
	몸통 근력(trunk strength)	몸통 근육이 힘을 내는 능력
	유연성(extent flexibility)	몸통이나 등 근육을 최대로 굽히거나 펴는 능력
	동적 유연성(dynamic flexibility)	반복적으로 빠르게 몸통을 굽히는 능력
	협응(gross body coordination)	여러 신체 부위를 동시에 움직이는 능력
	평형성(gross body equilibrium)	시각적 단서 없이 균형을 유지하는 능력
	지구력(stamina)	오랫동안 운동을 지속하는 심폐 능력

3. 킬(Keele)의 **분류** **: 일반 협응** **요인**	\	Keele 등(1987)이 제안한 운동능력의 요인이 개인별로는 일관성을 보이며, 다른 사람과의 능력을 비교할 때 변별성을 높여주는 능력 요인의 분류이다.

	능력	개념
	움직임 속도(movement rate)	빠른 속도의 움직임을 수행하는 능력
	운동 타이밍(motor timing)	정확한 타이밍에 움직임을 나타내는 능력
	지각 타이밍(perceptual timing)	움직이는 물체의 속도를 판단하는 능력
	힘 조절(force control)	힘의 정도를 조절하는 능력

03 운동능력 예측

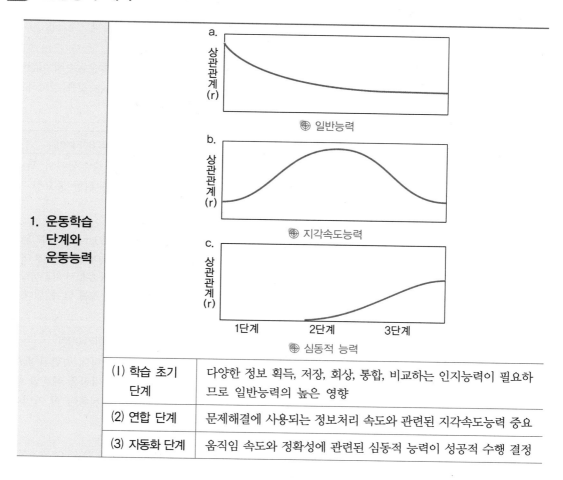

1. 운동학습 단계와 운동능력	(1) 학습 초기 단계	다양한 정보 획득, 저장, 회상, 통합, 비교하는 인지능력이 필요하므로 일반능력의 높은 영향
	(2) 연합 단계	문제해결에 사용되는 정보처리 속도와 관련된 지각속도능력 중요
	(3) 자동화 단계	움직임 속도와 정확성에 관련된 심동적 능력이 성공적 수행 결정

2. 숙련자 – 초보자 비교 연구	(1) 지각 능력 차이	① 시각정보 탐색 방법과 탐색 속도 ② 선택적 주의 ③ 시각정보를 통한 효율적 주요 정보 추출	
	(2) 시각차단 기법 2018년 A 13번	목적	수행에 유용한 시각정보를 지각하여 운동수행 이전에 미리 수행과 관련된 정보를 예측하는 것을 검사하기 위한 기법

시간차단 기법(temporal occlusion technique)

영상의 화면을 일정한 시간에 차단하여 기술수행에서 특정 시간 동안 제시되는 시각자극이 수행예측을 위한 중요한 정보를 담고 있다는 것을 전제

> 셔틀콕이 라켓에 접촉하는 순간 또는 접촉하기 83ms 전에 시각을 차단하였을 때 숙련자가 초보자보다 셔틀콕이 떨어지는 지점에 대한 예측 능력이 우수하게 나타났다. 즉, 숙련자가 초보자보다 시각정보로부터 의미 있는 정보를 빨리 추출한다는 것을 알 수 있다.

공간차단 기법(spatial occlusion technique)

제시되는 정보의 특정한 공간적 부분을 차단하여 숙련된 배드민턴 선수와 초보자들이 셔틀콕이 떨어지는 지점을 예측할 때, 어떠한 단서 정보에 의존하는지를 확인하기 위하여 이 기법을 사용하여 선수들의 안구 움직임을 측정

> 숙련자는 라켓과 라켓을 든 팔의 움직임 정보를 활용하여 효과적인 예측을 한 반면, 초보자들은 라켓의 움직임에 의존하여 과제를 수행하였으나 효과적인 예측 수행을 하지 못하는 것으로 나타났다.

참고문헌

REFERENCE

김병준, 스포츠심리학의 정석, 레인보우북스

김병준, 운동심리학 이해와 활용, 레인보우북스

김선진, 운동학습과 제어, 대한미디어

황진 외 3명, 스포츠심리학, 대한미디어

권은성
ZOOM 전공체육

스포츠심리학

초판인쇄 | 2025. 4. 3.　**초판발행** | 2025. 4. 10.

편저자 | 권은성　**발행인** | 박 용

표지디자인 | 박문각 디자인팀　**발행처** | (주)박문각출판

등록 | 2015년 4월 29일 제2019-000137호

주소 | 06654 서울특별시 서초구 효령로 283 서경 B/D

전화 | 교재 문의 (02)6466-7202, 동영상 문의 (02)6466-7201

저자와의
협의하에
인지생략

ISBN 979-11-7262-480-4 / ISBN 979-11-7262-475-0(세트)

정가 15,000원